Contents

파워포인트 2016 작품만들기

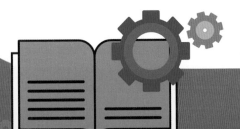

파워포인트 2016
작품만들기

초판 발행일 | 2021년 4월 30일
지은이 | 엄정녀, 이재욱, 이서연
펴낸이 | 최용섭
총편집인 | 이준우
기획진행 | 김진희

주소 | 서울시 용산구 한남대로 11길 12, 6층
문의전화 | 02-6337-5419   **팩스** | 02-6337-5429
홈페이지 | http://www.hrbooks.co.kr

발행처 | (주)미래엔에듀파트너
출판등록번호 | 제2016-000047호

ISBN | 979-11-6571-133-7 13000

이 책은 저작권법에 따라 보호받는 저작물이므로 무단전재와 무단복제를 금지하며, 이 책 내용의 전부 또는 일부를 이용하려면 반드시 저작권자와 (주)미래엔에듀파트너의 서면동의를 받아야 합니다.

※ 잘못된 책은 바꾸어 드립니다.
※ 책 가격은 뒷면에 있습니다.

Contents
파워포인트 2016 작품만들기

맛있는 과일이 주렁주렁

오늘의 미션
- ✓ 배경 서식 지정하기
- ✓ 도형 서식 지정하기
- ✓ 그림 삽입하기

 과일은 사람들이 식용으로 하는 열매로, 줄기에서 나는 토마토, 수박 등과 나무에서 나는 사과, 배 귤 등으로 나눌 수 있습니다. 이번 시간에는 파워포인트 프로그램으로 도형과 그림을 삽입하여 맛있는 과일이 주렁주렁 열린 과일 나무를 만들어 봅시다.

 작품 미리보기

예제파일 나무1~2.png, 사과.png, 오렌지.png   **완성파일** 과일나무(완성).pptx

01 배경 서식 지정하기

파란 하늘을 표현하기 위해 배경 서식을 그라데이션으로 지정합니다.

1 Microsoft Office PowerPoint 2016을 실행한 다음 [홈] 탭의 [슬라이드] 그룹에서 [레이아웃]을 클릭한 후 [빈 화면]을 클릭합니다.

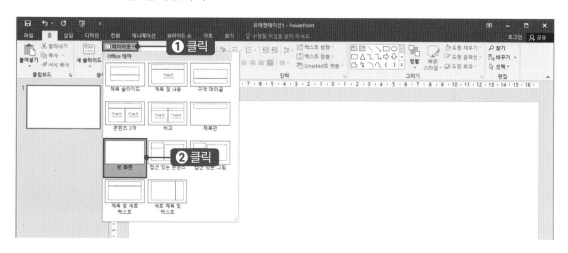

2 슬라이드에서 마우스 오른쪽 버튼을 클릭하여 바로 가기 메뉴를 실행하고 [배경 서식]를 클릭한 다음 [배경 서식] 작업창에서 [그라데이션 채우기]를 클릭합니다.

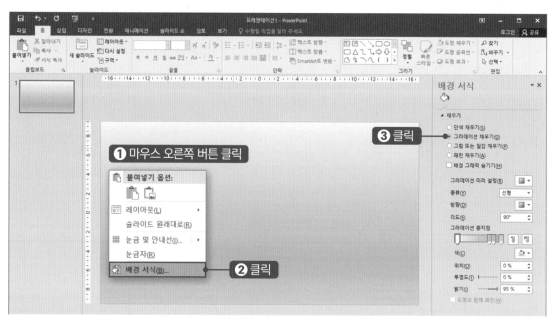

 TIP  기본 그라데이션의 색 이외에도 그라데이션 중지점의 색을 변경하여 사용할 수 있어요.

02 도형 서식 지정하기

도형을 삽입한 후 도형 채우기와 도형 윤곽선을 변경합니다.

1 [삽입] 탭의 [일러스트레이션] 그룹에서 [도형]을 클릭한 후 '순서도: 문서'를 클릭하고 마우스로 클릭, 드래그하여 도형을 추가합니다.

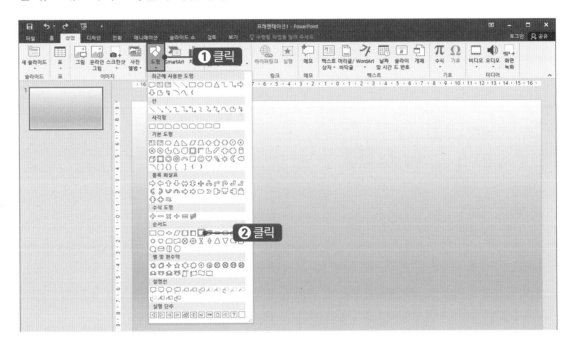

2 추가한 도형을 클릭하여 선택한 후 [그리기 도구] – [서식] 탭의 [정렬] 그룹에서 [회전]의 [상하 대칭]을 클릭합니다.

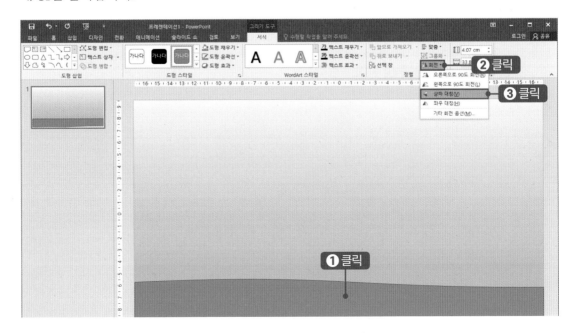

3 [그리기 도구] – [서식] 탭의 [도형 스타일] 그룹에서 [도형 채우기]를 클릭하여 '녹색, 강조 6 , 25%
더 어둡게'를 클릭합니다. 그 다음 [도형 윤곽선]을 클릭하여 [윤곽선 없음]을 클릭합니다.

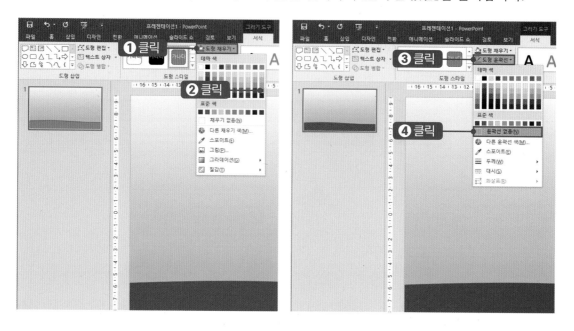

4 **1** ~ **3** 과 같은 방법으로 '구름'과 '해' 도형을 삽입한 후 도형 서식과 크기 및 위치를 변경합니다.

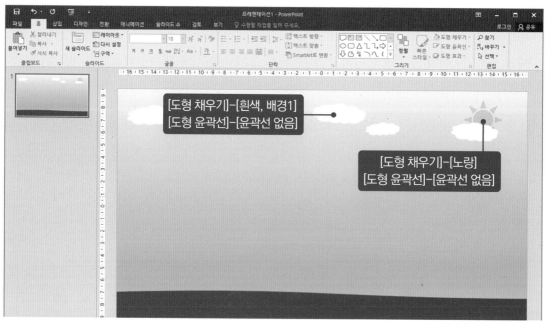

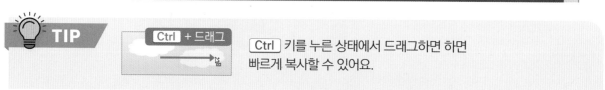

TIP   Ctrl + 드래그   Ctrl 키를 누른 상태에서 드래그하면 하면
빠르게 복사할 수 있어요.

03 그림 삽입하기

나무와 과일 그림을 삽입합니다.

① [삽입] 탭의 [이미지] 그룹에서 [그림]을 클릭한 다음 '나무1~2.png' 그림을 삽입한 후 크기 및 위치를 조절합니다.

② '사과.png', '오렌지.png'를 삽입하고 복사한 후 크기와 위치를 변경합니다. 그 다음 회전 조절점을 이용하여 그림을 회전합니다.

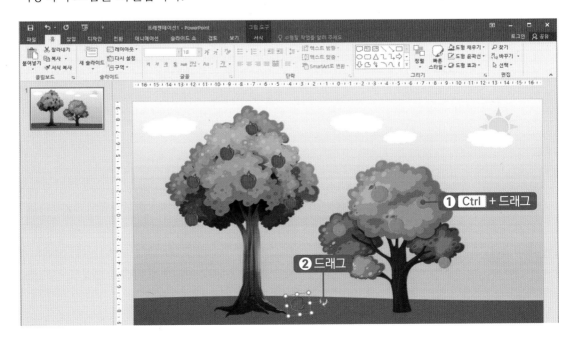

실력 쑥쑥! 창의력 쑥쑥!

1 도형과 그림을 삽입하고 서식을 변경하여 다음과 같은 농장을 완성해 보세요.

예제파일 농장1~5.png　　**완성파일** 농장(완성).pptx

1 배경 서식
단색 채우기 – '파랑, 강조 1, 80% 더 밝게'

2 '구름' 도형 추가
도형 채우기 – '흰색, 배경 1'
도형 윤곽선 – '윤곽선 없음'

3 '순서도: 문서' 도형 추가
도형 채우기 – '녹색, 강조 6, 25% 더 어둡게'
도형 윤곽선 – '윤곽선 없음', '상하 대칭'

4 '이등변 삼각형' 도형 추가
도형 채우기 – '녹색, 강조 6, 25% 더 어둡게'
도형 윤곽선 – '윤곽선 없음'

5 그림 '농장1~5' 추가

2 도형과 그림을 삽입하고 서식을 변경하여 다음과 같은 방을 완성해 보세요.

예제파일 방1~7.png　　**완성파일** 방꾸미기(완성).pptx

1 '직사각형' 도형 추가
도형 채우기 – '녹색, 강조 6, 40% 더 밝게'
도형 윤곽선 – '윤곽선 없음'

2 '타원' 도형 추가
도형 채우기 – '노랑'
도형 윤곽선 – '윤곽선 없음'

3 그림 '방1~7' 추가

영어가 쏙쏙 영어 단어 카드

CHAPTER 02

오늘의 미션
- ⊘ 텍스트 상자 삽입하기
- ⊘ 도형 서식 지정하기
- ⊘ 도형 복사하기
- ⊘ 그림 삽입하기

영어를 능숙하게 사용하려면 영어 단어를 많이 알아야 합니다. 영어 단어를 쉽게 외우기 위해 단어 카드를 활용합니다. 이번 시간에는 파워포인트 프로그램으로 도형과 텍스트 상자를 삽입하여 영어 단어 카드를 만들어 봅시다.

작품 미리보기

예제파일 거북이.png, 사자.png, 코끼리.png, 펭귄.png　　**완성파일** 영어단어카드(완성).pptx

영어 단어 카드

코끼리 | Elephant

거북이 | Turtle

사자 | Lion

펭권 | Penguin

01 텍스트 상자 삽입하기

텍스트 상자를 이용하여 영어 단어 카드 제목을 삽입합니다.

1 Microsoft Office PowerPoint 2016을 실행한 다음 슬라이드 레이아웃을 [빈 화면]으로 변경합니다. 그 다음 [삽입] 탭의 [일러스트레이션] 그룹에서 [도형]을 클릭하고 '텍스트 상자'를 삽입한 다음 '영어 단어 카드' 텍스트를 입력합니다.

2 텍스트 상자의 윤곽선을 클릭하여 선택한 후 [홈] 탭의 [글꼴] 그룹에서 글꼴을 '휴먼둥근헤드라인', 글꼴 크기를 '60pt', 글꼴 색을 '검정, 텍스트1'로 지정한 후 위치를 이동합니다.

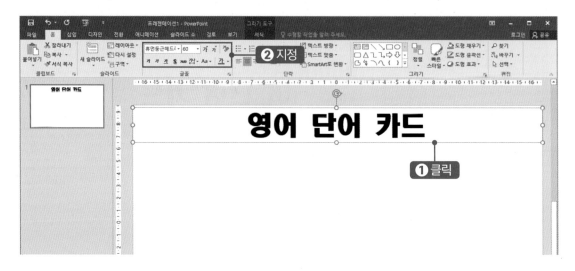

도형 윤곽선의 색, 두께 및 대시를 변경합니다.

1 [삽입] 탭의 [일러스트레이션] 그룹에서 [도형]을 클릭하고 '직사각형'을 삽입합니다. 그 다음 [그리기 도구] – [서식] 탭을 클릭하여 [도형 채우기]는 '흰색, 배경1, 5% 더 어둡게', [도형 윤곽선]은 '검정, 텍스트1', '3pt'로 지정합니다.

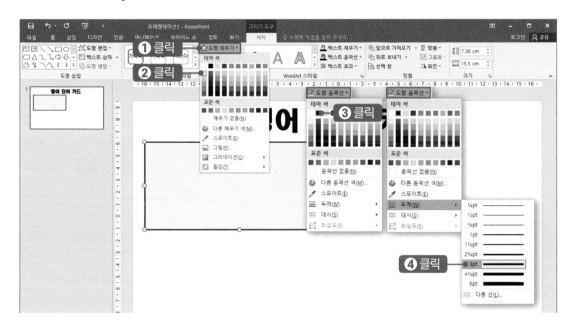

2 [삽입] 탭의 [일러스트레이션] 그룹에서 [도형]을 클릭하고 '선'을 삽입합니다. 그 다음 [그리기 도구] – [서식] 탭을 클릭하여 [도형 윤곽선]은 '검정, 텍스트1', '3pt', '파선'을 지정합니다.

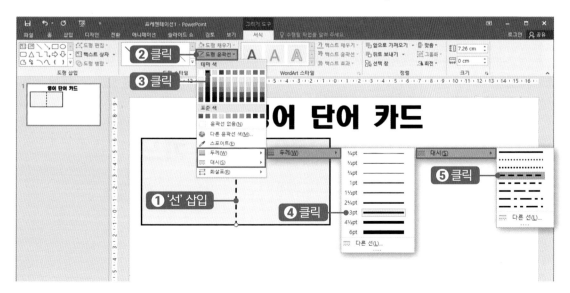

03 도형 복사하기

복사 기능을 이용하여 삽입한 도형을 복사합니다.

1 마우스로 드래그하여 삽입한 '직사각형'과 '선' 도형을 모두 선택합니다.

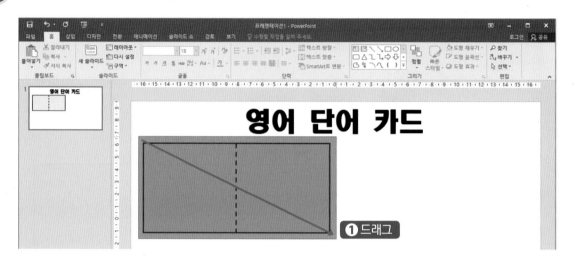

2 Ctrl + Shift 키를 누른 상태에서 마우스로 드래그하여 도형을 복사합니다.

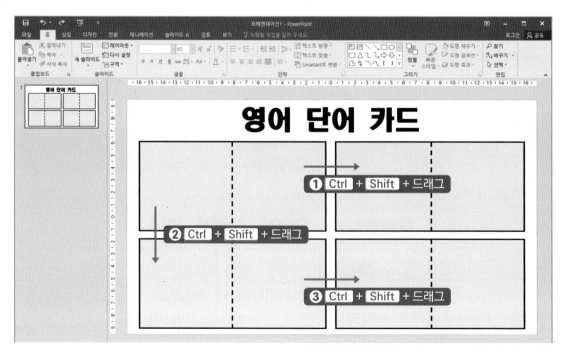

TIP Ctrl 키를 누른 상태에서 드래그하면 하면 빠르게 복사할 수 있어요. 이 때 Shift 키를 함께 누르면 수평과 수직을 유지하여 복사할 수 있어요.

그림 삽입하기

동물 그림을 삽입하고 텍스트를 입력하여 영어 단어 카드를 완성합니다.

1 [삽입] 탭의 [이미지] 그룹에서 [그림]을 클릭한 다음 '거북이.png', '사자.png', '코끼리.png', '펭귄.png' 그림을 삽입한 후 크기 및 위치를 조절합니다.

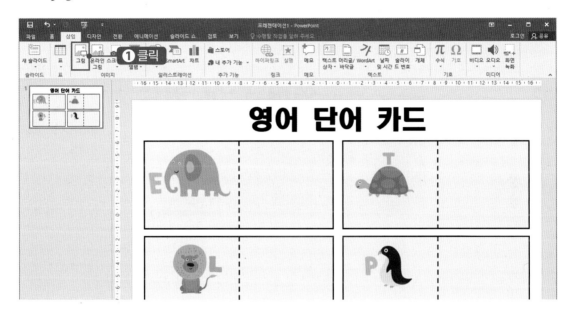

2 '텍스트 상자'를 삽입한 후 각각 '코끼리', '사자', '거북이', '펭귄', 'Elephant', 'Lion', 'Turtle', 'Penguin' 입력한 다음 [홈] 탭의 [글꼴] 그룹에서 글꼴을 '휴먼모음T', 글꼴 크기를 '40pt'으로 지정합니다.

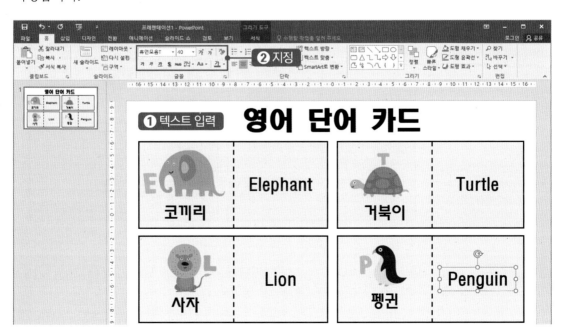

실력 쑥쑥! 창의력 쑥쑥!

1 도형과 그림을 삽입하고 서식을 변경하여 다음과 같은 이름표를 완성해 보세요.

예제파일 이름표1~4.png 완성파일 이름표(완성).pptx

① '모서리가 둥근 직사각형' 도형 추가
   도형 채우기 – 임의의 색 지정
   도형 윤곽선 – '윤곽선 없음'

② '텍스트 상자' 도형 추가
   텍스트 – 'HY얕은샘물M', '28pt'
   텍스트 – '휴먼동근헤드라인', '54pt'

③ 그림 '이름표1~4' 추가

2 도형과 그림을 삽입하고 서식을 변경하여 다음과 같은 약도를 완성해 보세요.

예제파일 약도1~7.png 완성파일 약도(완성).pptx

① '직사각형' 도형 추가
   도형 채우기 – '연한 녹색'
   도형 윤곽선 – '윤곽선 없음'

② '선' 도형 추가
   도형 윤곽선 – '흰색, 배경 1, 50% 더 어둡게', '3pt', '긴 파선'

③ '텍스트 상자' 도형 추가
   텍스트 – '휴먼엑스포', '28pt'

④ 그림 '약도1~7' 추가

03

새콤 달콤 맛있는 오렌지주스

오늘의 미션
- ✓ 배경 서식 지정하기
- ✓ 도형 효과 지정하기
- ✓ 개체 순서 변경하기

과일을 갈거나 눌러 짜서 얻은 즙을 주스라고 합니다. 이번 시간에는 파워포인트 프로그램의 도형 효과를 이용하여 군침이 도는 새콤 달콤 오렌지주스를 만들어 봅시다.

 **작품 미리보기**

예제파일 빨대.png, 오렌지1~3.png   **완성파일** 오렌지주스(완성).pptx

01 배경 서식 지정하기

그라데이션 중지점 색을 변경하여 배경을 다른 색으로 지정합니다.

1 Microsoft Office PowerPoint 2016을 실행한 다음 슬라이드 레이아웃을 [빈 화면]으로 변경합니다. 그 다음 슬라이드에서 마우스 오른쪽 버튼을 클릭하여 바로 가기 메뉴를 실행하고 [배경 서식]를 클릭한 다음 [배경 서식] 작업창에서 [그라데이션 채우기]를 클릭합니다.

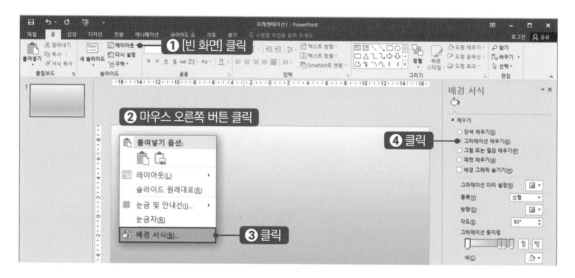

2 '그라데이션 중지점'에서 하나의 중지점을 클릭한 후 그라데이션 중지점 제거( )를 클릭합니다. 그 다음 각각의 중지점을 클릭하고 색과 위치를 변경합니다.

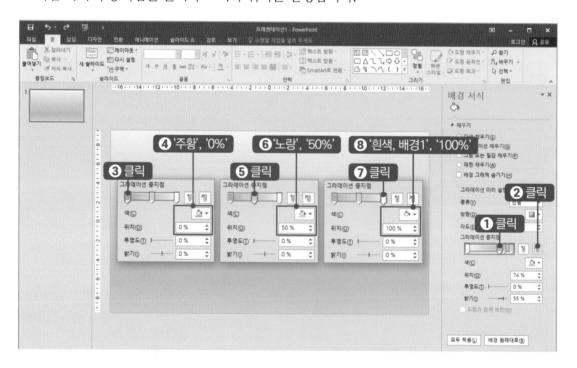

02 도형 효과 지정하기

주스잔과 오렌지주스를 만들기 위해 도형을 삽입하고 효과를 지정합니다.

① '타원', '모서리가 둥근 직사각형' 도형을 삽입한 후 [도형 채우기]를 '파랑, 강조1, 80% 더 밝게', [도형 윤곽선]을 '윤곽선 없음'으로 지정합니다. 그 다음 [도형 효과]의 [기본 설정]을 클릭하여 '기본 설정 3'을 클릭합니다.

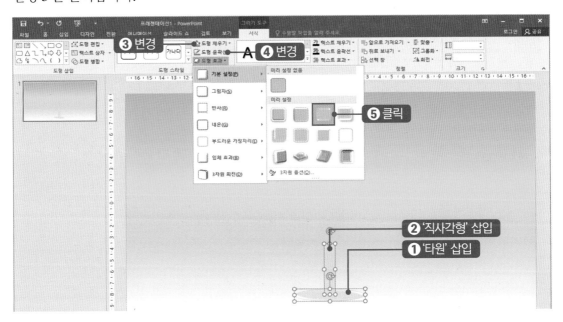

② '순서도: 지연' 도형을 삽입하고 오른쪽으로 90도 회전한 후 복사합니다. 그 다음 [도형 채우기]를 '파랑, 강조1 80% 더 밝게', '노랑'으로, [도형 윤곽선]을 '윤곽선 없음'으로 지정하고 [도형 효과]의 [기본 설정]을 클릭하여 '기본 설정 3'을 클릭합니다.

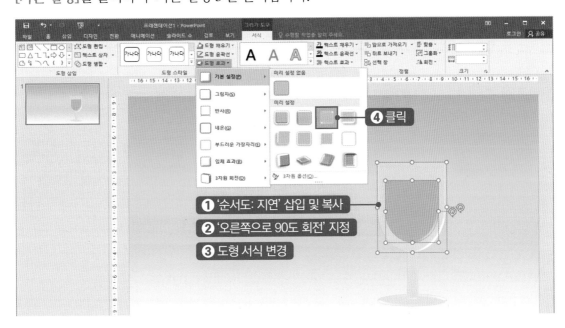

03 개체 순서 변경하기

삽입한 그림 및 도형의 순서를 변경합니다.

1 [삽입] 탭의 [이미지] 그룹에서 [그림]을 클릭하여 '빨대.png' 그림을 삽입한 후 크기 및 위치를 조절한 후 회전 조절점을 드래그하여 회전합니다.

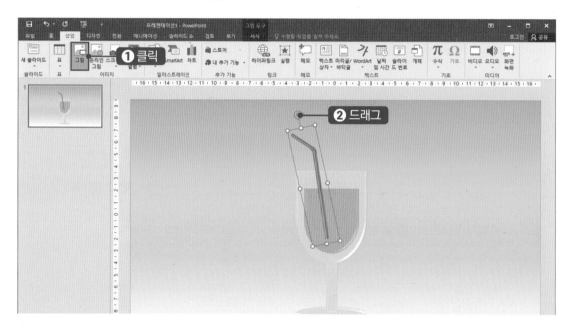

2 '빨대' 그림을 클릭한 후 [그림 도구] - [서식] 탭의 [정렬] 그룹에서 [뒤로 보내기]를 클릭하여 '빨대' 그림을 노란색의 '순서도: 지연' 도형 뒤로 보냅니다.

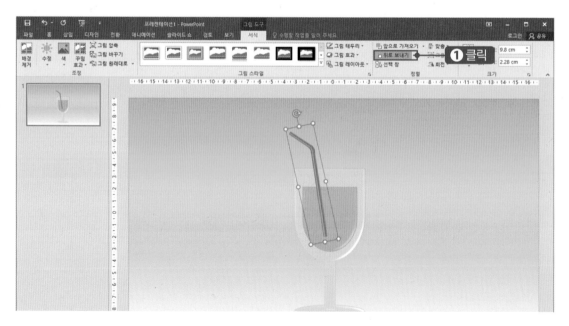

③ [삽입] 탭의 [이미지] 그룹에서 [그림]을 클릭하여 '오렌지1.png' 그림을 삽입하고 크기 및 위치를 조절한 후 마우스 오른쪽 버튼을 클릭하여 바로 가기 메뉴가 실행되면 [맨 뒤로 보내기]의 [맨 뒤로 보내기]를 클릭합니다.

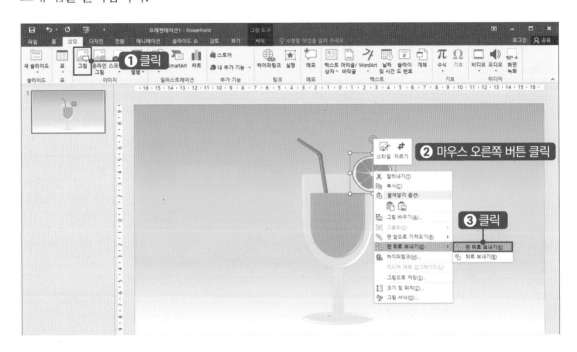

④ [삽입] 탭의 [이미지] 그룹에서 [그림]을 클릭하여 '오렌지2~3.png' 그림을 삽입한 후 크기 및 위치를 조절하고, 회전 조절점을 드래그하여 회전합니다.

실력 쑥쑥! 창의력 쑥쑥!

1 도형과 그림을 삽입하고 서식을 변경하여 다음과 같은 도서관 예절을 완성해 보세요.

예제파일 도서관예절.png **완성파일** 도서관예절(완성).pptx

도서관에서 친구와 떠들지 않아요.

도서관에서 친구와 떠드는 행동은 다른 사람들에게 방해가 될 수 있으므로 자제해 주세요.

1 그림 '도서관예절' 추가

2 '"없음" 기호' 도형 추가
도형 채우기 – '빨강'
도형 윤곽선 – '윤곽선 없음'
도형 효과 – '기본 설정 1'

3 '텍스트 상자' 도형 추가
텍스트 – '휴먼매직체', '문체부 쓰기
정체', '40pt', '18pt'

2 도형과 그림을 삽입하고 서식을 변경하여 다음과 같은 안경을 완성해 보세요.

예제파일 없음 **완성파일** 안경(완성).pptx

1 '모서리가 둥근 직사각형' 도형 추가
도형 채우기 – '검정, 텍스트 1'
도형 윤곽선 – '윤곽선 없음'

2 '직사각형' 도형 추가
도형 채우기 – '검정, 텍스트 1'
도형 윤곽선 – '윤곽선 없음'

3 '타원' 도형 추가
도형 채우기 – '파랑, 강조 1'
도형 윤곽선 – '윤곽선 없음'
도형 효과 – '기본 설정 8'

학교 폭력 반대 포스터

CHAPTER 04

오늘의 미션
- ✓ 정렬 기능으로 맞추기
- ✓ 투명한 색 설정하기
- ✓ 자르기 도구 이용하기
- ✓ WordArt 삽입하기

 학교 폭력이 사회적으로 문제가 되고 있습니다. 이번 시간에는 파워포인트 프로그램의 자르기 도구와 WordArt를 이용하여 학교 폭력 반대 포스터를 만들어 봅시다.

 **작품 미리보기**

예제파일 학교폭력1~4.jpg   **완성파일** 학교폭력(완성).pptx

01 정렬 기능으로 맞추기

삽입한 도형을 슬라이드의 중앙에 위치하도록 정렬합니다.

1 Microsoft Office PowerPoint 2016을 실행한 다음 슬라이드 레이아웃을 [빈 화면]으로 변경합니다. 그 다음 [삽입] 탭의 [일러스트레이션] 그룹에서 [도형]을 클릭하여 '액자' 도형을 삽입한 후 노란색 조절점을 드래그하여 도형 모양을 변경하고 [도형 채우기]는 '파랑, 강조 1, 40% 더 밝게', [도형 윤곽선]을 '윤곽선 없음'으로 지정합니다.

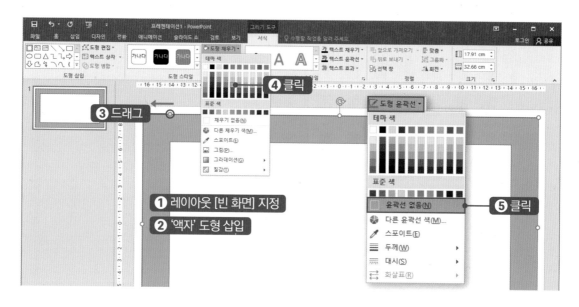

2 '액자' 도형을 클릭한 후 [그리기 도구] – [서식] 탭의 [정렬] 그룹에서 [맞춤]의 [가운데 맞춤]과 [중간 맞춤]을 차례를 클릭하여 슬라이드의 중앙으로 정렬합니다.

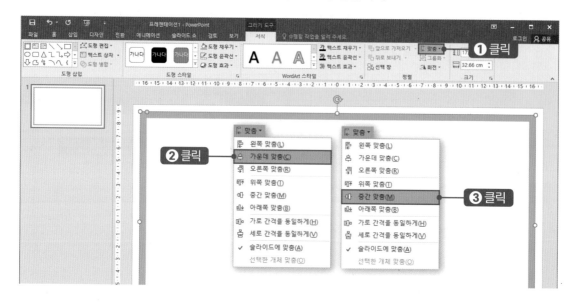

02 투명한 색 설정하기

삽입한 그림의 배경을 투명한 색으로 설정합니다.

1 [삽입] 탭의 [이미지] 그룹에서 [그림]을 클릭하여 '학교폭력1~2.jpg' 그림을 삽입합니다. 그 다음 '학교폭력2' 그림을 클릭하고 [그림 도구] - [서식] 탭의 [조정] 그룹에서 [색]의 [투명한 색 설정]을 클릭합니다.

2 마우스 포인터가 '✎'로 변경되면 투명하게 설정하고자 하는 색을 클릭하여 배경을 투명하게 설정합니다. 같은 방법으로 '학교폭력3.jpg' 그림을 삽입하고 배경을 투명하게 설정합니다.

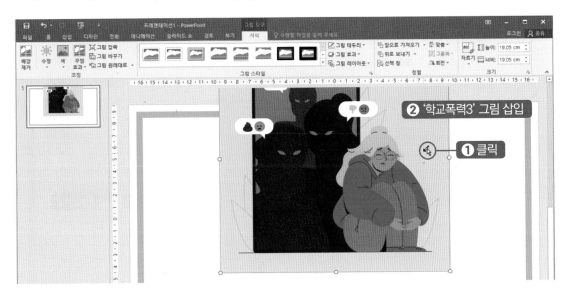

03 자르기 도구 이용하기

자르기 도구를 이용하여 필요한 이미지만 잘라서 사용합니다.

1 [삽입] 탭의 [이미지] 그룹에서 [그림]을 클릭하여 '학교폭력4.jpg' 그림을 삽입한 후 [그림 도구] – [서식] 탭의 [크기] 그룹에서 [자르기]를 클릭한 후 마우스로 드래그하여 필요 없는 부분을 잘라내고 위치 및 크기를 변경합니다.

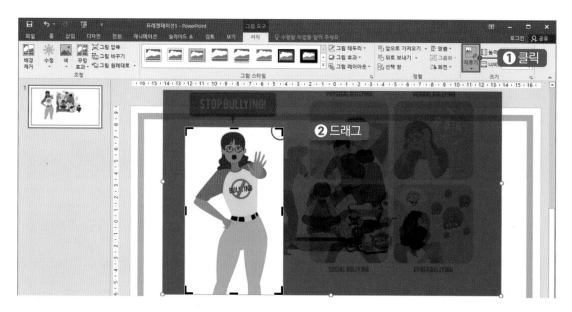

2 [삽입] 탭의 [일러스트레이션] 그룹에서 [도형]의 '곱셈 기호'를 클릭하여 삽입한 후 노란색 조절점을 드래그하여 도형 모양을 변경합니다. 그 다음 [도형 채우기]를 '빨강', [도형 윤곽선]을 '윤곽선 없음'으로 지정합니다.

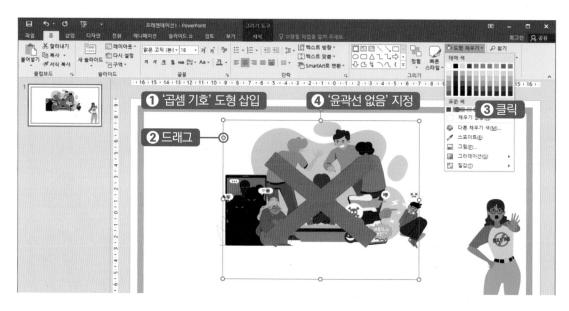

04 WordArt 삽입하기

WordArt를 삽입하여 텍스트를 예쁘게 만듭니다.

1 [삽입] 탭의 [텍스트] 그룹에서 [WordArt]를 클릭하고 '무늬 채우기 – 파랑, 강조 1, 50%, 진한 그림자 – 강조1'를 클릭하여 삽입한 후 '학교 폭력, 이제 안녕'을 입력하고 글꼴을 '휴먼엑스포', 글꼴 크기를 '66pt'로 지정합니다.

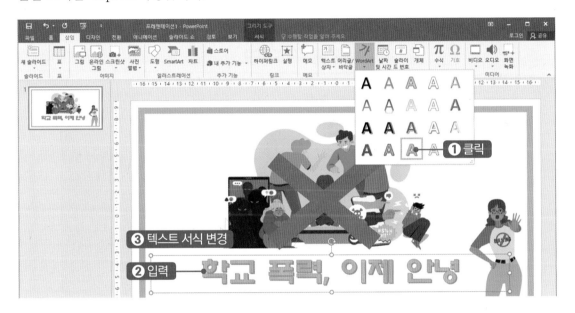

2 [삽입] 탭의 [일러스트레이션] 그룹에서 [도형]의 '텍스트 상자'를 클릭하여 삽입하고 아래 그림과 같이 텍스트를 입력한 후 글꼴을 'HY엽서L', 글꼴 크기를 '18pt'로 지정합니다.

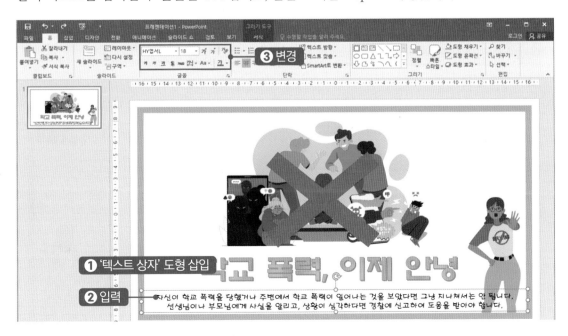

실력 쑥쑥! 창의력 쑥쑥!

1 도형과 그림을 삽입하고 서식을 변경하여 다음과 같은 올해 나의 목표를 완성해 보세요.

〔예제파일〕 목표1~3.jpg 〔완성파일〕 나의목표(완성).pptx

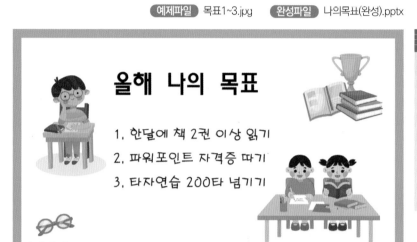

❶ '액자' 도형 추가
도형 채우기 – '녹색, 강조 6, 40% 더 밝게'
도형 윤곽선 – '윤곽선 없음'

❷ '텍스트 상자' 도형 추가
텍스트 – '휴먼모음T', 'HY엽서L', '60pt', '32pt'

❸ 그림 '목표1~3' 추가

2 도형과 그림을 삽입하고 서식을 변경하여 다음과 같은 흡연 예방 피켓을 완성해 보세요.

〔예제파일〕 금연.jpg 〔완성파일〕 금연(완성).pptx

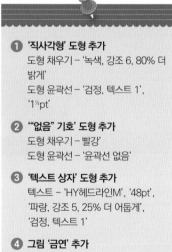

❶ '직사각형' 도형 추가
도형 채우기 – '녹색, 강조 6, 80% 더 밝게'
도형 윤곽선 – '검정, 텍스트 1', '1⅛pt'

❷ "없음" 기호 도형 추가
도형 채우기 – 빨강
도형 윤곽선 – '윤곽선 없음'

❸ '텍스트 상자' 도형 추가
텍스트 – 'HY헤드라인M', '48pt', '파랑, 강조 5, 25% 더 어둡게', '검정, 텍스트 1'

❹ 그림 '금연' 추가

반짝 반짝 무도회 가면

CHAPTER 05

오늘의 미션
- ✓ 배경 서식 지정하기
- ✓ 투명한 색 지정하기
- ✓ 그림 자르기 및 색 다시 칠하기

가면을 쓰고 가장 무도회에 가려고 합니다. 이번 시간에는 파워포인트 프로그램의 투명한 색 설정과 색 다시 칠하기 기능을 이용하여 반짝 반짝 멋있는 무도회 가면을 만들어 봅시다.

 작품 미리보기

예제파일 가면.png, 가면배경.jpg, 깃털.jpg, 보석1~3.png   완성파일 가면(완성).pptx

01 배경 서식 지정하기

가장 무도회를 표현하기 위해 배경 서식을 그림으로 지정합니다.

1 Microsoft Office PowerPoint 2016을 실행한 다음 슬라이드 레이아웃을 [빈 화면]으로 변경합니다. 그 다음 슬라이드에서 마우스 오른쪽 버튼을 클릭하여 바로 가기 메뉴를 실행하고 [배경 서식]를 클릭한 다음 [배경 서식] 작업창에서 [그림 또는 질감 채우기]를 클릭합니다.

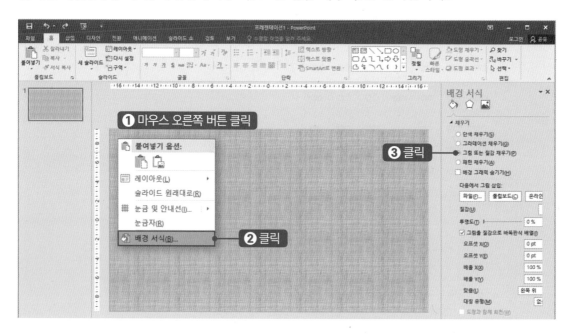

2 [파일]을 클릭하여 '가면배경.jpg' 그림을 삽입하고 '투명도'를 '50%'로 변경합니다.

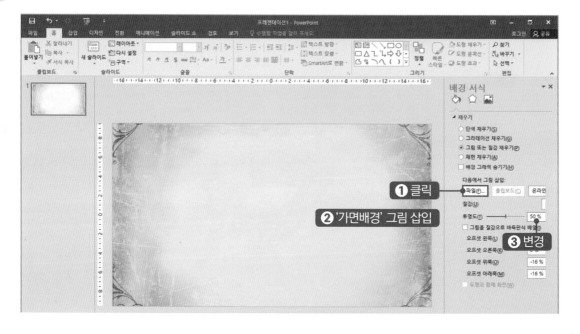

1 [삽입] 탭의 [이미지] 그룹에서 [그림]을 클릭한 다음 '가면.png' 그림을 삽입한 후 [그림 도구] – [서식] 탭의 [조정] 그룹에서 [색]을 클릭하고 [투명한 색 설정]을 클릭합니다.

2 '가면' 그림의 흰색 부분을 클릭하여 투명하게 설정합니다.

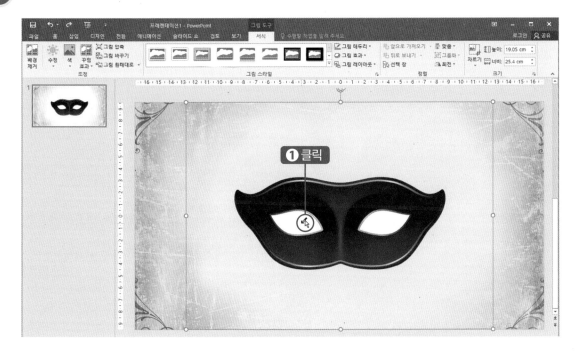

03 그림 자르기 및 다시 칠하기

자르기 도구로 그림의 필요한 부분만 드래그하여 자르고 색 다시 칠하기를 적용합니다.

1 [삽입] 탭의 [이미지] 그룹에서 [그림]을 클릭한 다음 '깃털.jpg' 그림을 삽입한 후 [그림 도구] – [서식] 탭의 [크기] 그룹에서 [자르기]를 클릭하여 그림을 자릅니다.

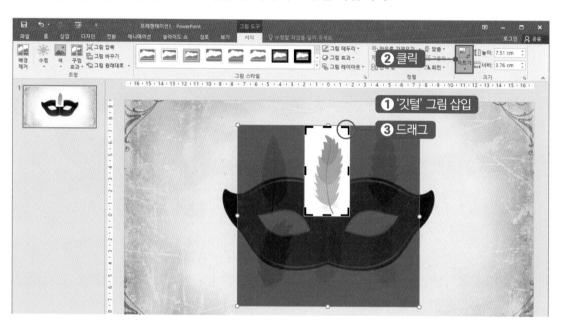

2 자르기 한 '깃털' 그림의 흰색 부분을 투명하게 지정한 후 [그림 도구] – [서식] 탭의 [정렬] 그룹에서 [뒤로 보내기]의 [맨 뒤로 보내기]를 클릭합니다.

3 '깃털.jpg', '보석1~3.png'를 추가로 삽입한 후 아래 그림과 같이 크기 및 회전, 위치를 조절합니다. 그 다음 그림 전체 선택하고 Ctrl + Shift 키를 누른 상태에서 마우스로 드래그하여 복사합니다.

4 '가면' 그림을 클릭한 후 [그림 도구] - [서식] 탭의 [조정] 그룹에서 [색]을 클릭하고 [다시 칠하기]의 '주황, 밝은 강조색 2'를 클릭하여 지정합니다.

5 **4** 와 같은 방법으로 '깃털' 그림도 '녹색, 밝은 강조색 6', '황금색, 밝은 강조색 4'로 지정한 후 크기 및 회전, 위치를 조절합니다.

실력 쑥쑥! 창의력 쑥쑥!

1 도형과 그림을 삽입하고 서식을 변경하여 다음과 같은 농장을 완성해 보세요.

예제파일 동물농장1~3.jpg 완성파일 동물농장(완성).pptx

① **배경 서식**
그림 또는 질감 채우기 – '동물농장1'
그림 채우기

② **그림 '동물농장2~3' 추가**
자르기, 투명한 색 지정, 좌우대칭

2 도형과 그림을 삽입하고 서식을 변경하여 다음과 같은 꽃밭을 완성해 보세요.

예제파일 꽃.jpg, 꽃밭.jpg 완성파일 꽃밭(완성).pptx

① **배경 서식**
그림 또는 질감 채우기 – '꽃밭' 그림
채우기

② **그림 '꽃' 추가**
자르기, 투명한 색 지정, 좌우대칭

③ **'구름' 도형 추가**
도형 채우기 – '흰색, 배경 1'
도형 윤곽선 – '윤곽선 없음'

④ **'해' 도형 추가**
도형 채우기 – '노랑'
도형 윤곽선 – '윤곽선 없음'

CHAPTER 06

우리집 카페 메뉴판

오늘의 미션
- ⊘ 그림으로 저장하기
- ⊘ 배경 서식 및 도형 서식 지정하기
- ⊘ WordArt 삽입하기
- ⊘ 스포이트로 색 추출하기

우리집에 카페를 오픈하려고 합니다. 이번 시간에는 파워포인트 프로그램의 WordArt와 스포이트 기능을 이용하여 우리집 카페에서 사용할 메뉴판을 만들어 봅시다.

작품 미리보기

예제파일 카페1~13.png   **완성파일** 카페배경.png, 메뉴판(완성).pptx

그림으로 저장하기

도형을 삽입하고 그림으로 저장합니다.

1 Microsoft Office PowerPoint 2016을 실행한 다음 슬라이드 레이아웃을 [빈 화면]으로 변경합니다. 그 다음 [삽입] 탭의 [일러스트레이션]에서 '직사각형'을 클릭하여 삽입하고 마우스 오른쪽 버튼을 클릭하여 [채우기]의 [다른 채우기 색]을 클릭합니다.

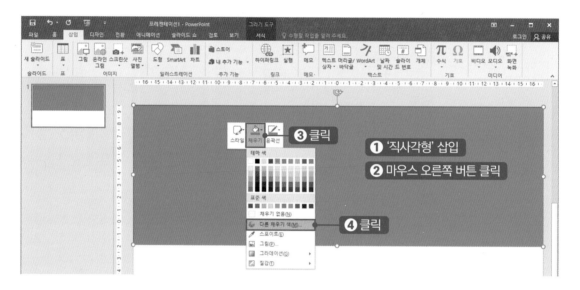

2 [색] 대화상자의 [사용자 지정] 탭을 클릭한 후 빨강의 입력칸에 '145', 녹색의 입력칸에 '111', 파랑의 입력칸에 '68'을 입력한 후 [확인]을 클릭한 다음 [도형 윤곽선]을 '윤곽선 없음'으로 지정합니다.

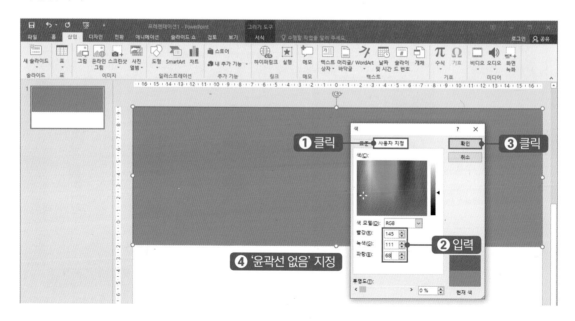

③ '직사각형' 도형을 추가하여 **①** ~ **②** 와 같은 방법으로 빨강의 입력칸에 '104', 녹색의 입력칸에 '80', 파랑의 입력칸에 '49'를 입력하여 다른 채우기 색으로 지정합니다.

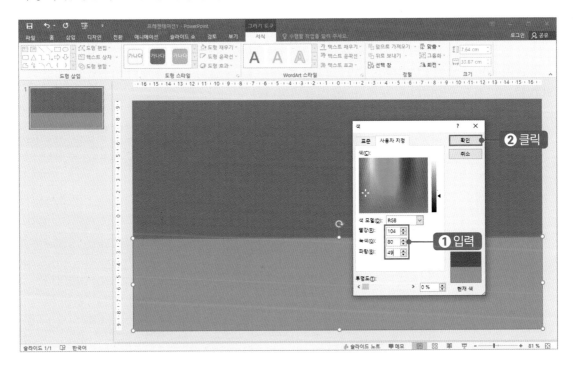

④ 삽입한 두 개의 도형을 모두 선택한 후 마우스 오른쪽 버튼을 클릭하여 [바로 가기 메뉴]의 [그림으로 저장]을 클릭하고 파일 이름을 '카페배경'으로 입력한 후 [저장]을 클릭합니다.

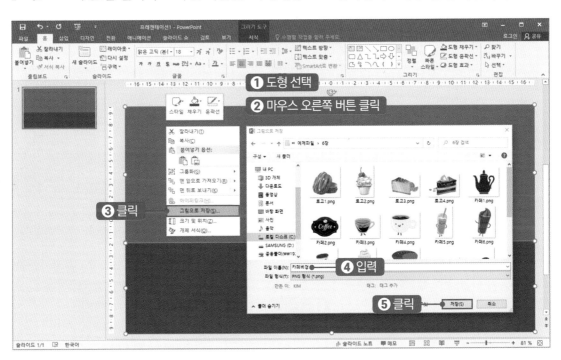

02 배경 서식 지정 및 도형과 그림 삽입하기

그림으로 저장한 파일로 배경을 지정하고 도형과 그림을 삽입합니다.

1 삽입한 도형을 모두 삭제한 후 슬라이드에서 마우스 오른쪽 버튼을 클릭하여 바로 가기 메뉴를 실행하고 [배경 서식]을 클릭한 다음 [배경 서식] 작업창에서 [그림 또는 질감 채우기]를 클릭합니다.

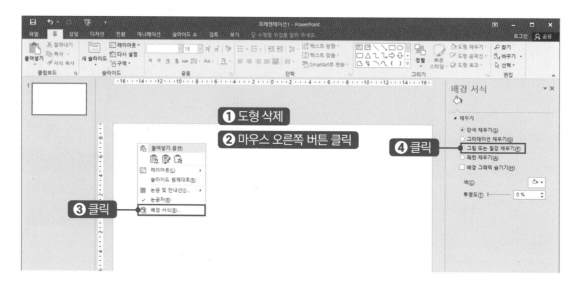

2 [파일]을 클릭하여 앞에서 저장한 '카페배경.png' 그림을 삽입합니다.

3 [삽입] 탭의 [일러스트레이션] 그룹에서 [도형]을 클릭한 후 '직사각형', '평행 사변형', '타원'을
클릭하여 삽입하고 아래 그림과 같이 도형 서식을 지정합니다.

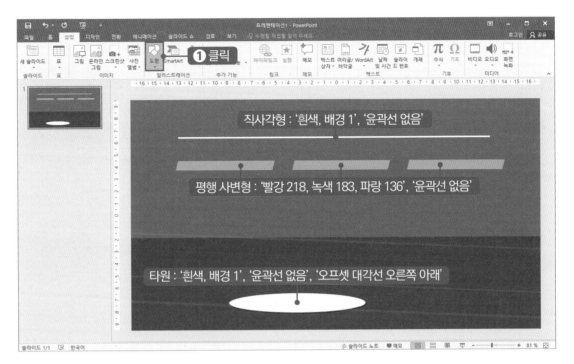

4 '카페1~13.png' 그림을 삽입한 후 크기와 위치를 조절합니다.

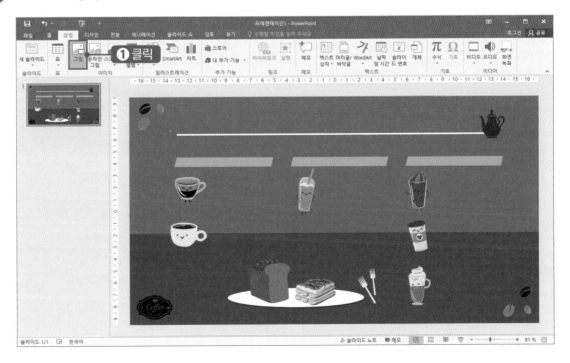

03 WordArt 삽입하기

WordArt를 삽입하고 효과를 적용하여 텍스트를 입체적으로 만듭니다.

1 [삽입] 탭의 [텍스트] 그룹에서 [WordArt]를 클릭하여 '채우기 – 흰색, 윤곽선 – 강조 2, 진한 그림자 – 강조 2'를 클릭한 후 'MENU'를 입력하고 글꼴을 'Britannic Bold', 글꼴 크기를 '48pt'를 지정합니다.

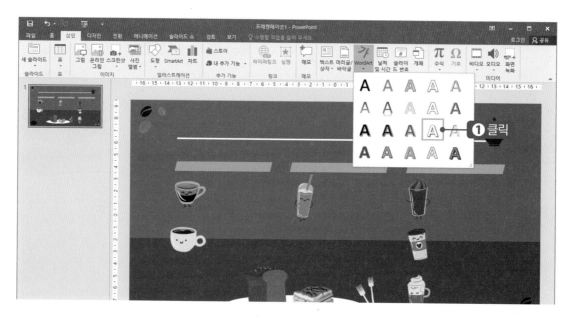

2 **1** 과 같은 방법으로 WordArt를 삽입하여 'Coffee', 'Tea', 'Choco'의 텍스트를 입력하고 글꼴을 '휴먼둥근헤드라인', 글꼴 크기를 '36pt', '텍스트 그림자'를 지정합니다.

04 스포이트로 색 추출하기

스포이트로 색을 추출하여 텍스트 채우기의 색을 지정합니다.

① 'MENU'를 클릭하여 선택한 후 [그리기 도구] – [서식] 탭의 [WordArt 스타일] 그룹에서 [텍스트 채우기]의 [스포이트]를 클릭하고 '카페1.png' 그림을 클릭하여 추출한 색으로 WordArt 색을 지정합니다.

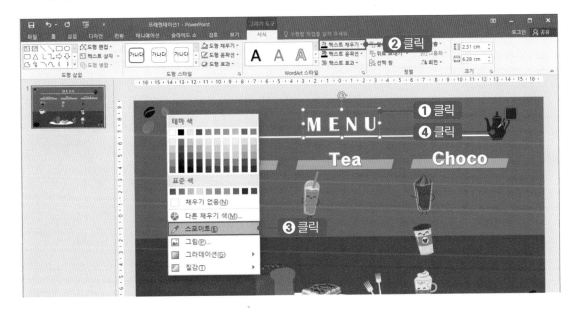

② [삽입] 탭의 [텍스트] 그룹에서 '텍스트 상자' 클릭하여 삽입하고 아래 그림과 같이 텍스트를 입력한 후 글꼴을 '휴먼모음T', 글꼴 크기를 '24pt', '18pt', '굵게', '오른쪽 맞춤'을 지정합니다.

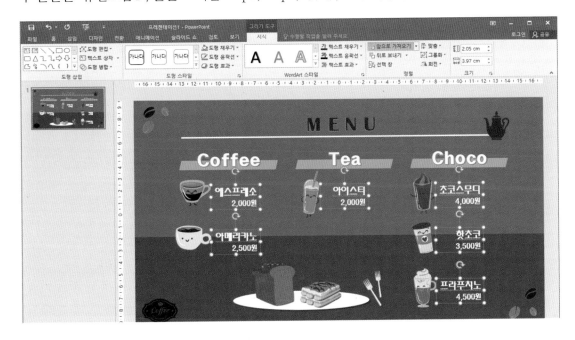

실력 쑥쑥! 창의력 쑥쑥!

1 도형과 그림을 삽입하고 WordArt를 추가하여 다음과 같은 로고를 완성해 보세요.

예제파일 로고1~4.png 완성파일 로고(완성).pptx

① '타원' 도형 추가
  도형 채우기 – '주황 강조 2, 40% 더
  밝게 '
  도형 윤곽선 – '윤곽선 없음'
② 그림 '로고1~4' 추가
③ 'WordArt' 추가 – '채우기 – 흰색,
  윤곽선 – 강조 2, 진한 그림자 – 강조 2'

2 ① 에서 작업한 로고를 그림으로 저장해 보세요.

예제파일 없음 완성파일 로고(완성).png

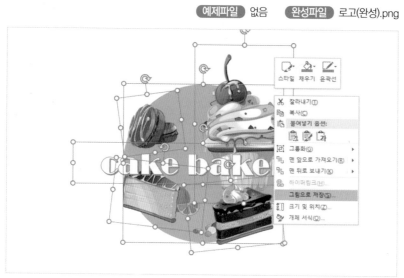

① 모든 개체 선택 후 그림으로 저장

달달한 Candy Shop

CHAPTER 07

오늘의 미션
- ✓ 배경 서식 지정하기
- ✓ 도형 빼기
- ✓ 자르기와 투명한 색 설정하기

달달한 사탕은 일시적으로 당이 떨어진 상태인 '가짜 배고픔' 상태일 때 배고픔을 완화해 줍니다. 이번 시간에는 파워포인트 프로그램의 도형 빼기 기능을 이용하여 한 입 베어 먹은 사탕을 만들어 봅시다.

작품 미리보기

예제파일 캔디1.png, 캔디2.jpg   완성파일 캔디(완성).pptx

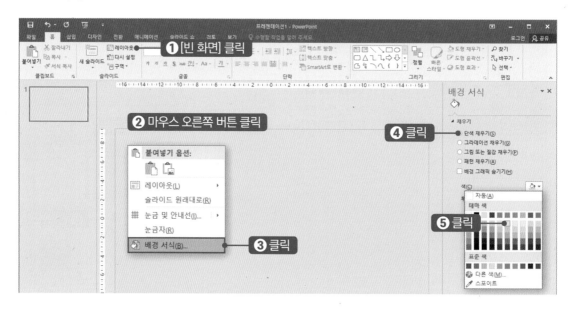

01 배경 서식 지정하기

배경을 단색으로 지정합니다.

1 Microsoft Office PowerPoint 2016을 실행한 다음 슬라이드 레이아웃을 [빈 화면]으로 변경합니다. 그 다음 슬라이드에서 마우스 오른쪽 버튼을 클릭하여 바로 가기 메뉴를 실행하고 [배경 서식]을 클릭한 다음 [배경 서식] 작업창에서 [단색 채우기]의 색을 '주황, 강조 2, 80% 더 밝게'로 지정합니다.

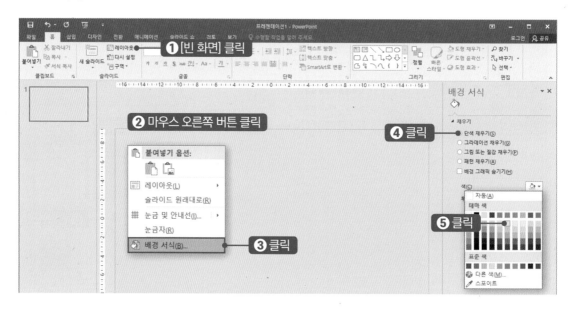

2 [삽입] 탭의 [일러스트레이션] 그룹에서 [도형]의 '이중 물결'을 클릭하여 삽입하고 [도형 채우기]를 클릭하여 '흰색, 배경 1', [도형 윤곽선]을 클릭하여 '윤곽선 없음'을 클릭합니다.

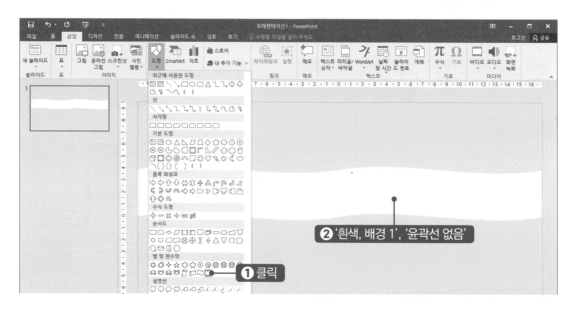

1 '직사각형' 도형을 삽입한 후 [도형 채우기]를 '흰색, 배경 1', [도형 윤곽선]을 '윤곽선 없음'으로 지정합니다. 그 다음 Shift 키를 누른 채로 '타원' 도형을 삽입하고 [도형 채우기]의 [다른 채우기 색]을 클릭한 후 빨강의 입력칸에 '253', 녹색의 입력칸에 '90', 파랑의 입력칸에 '85'를 입력하여 색을 지정하고 [도형 윤곽선]은 '윤곽선 없음'으로 지정합니다.

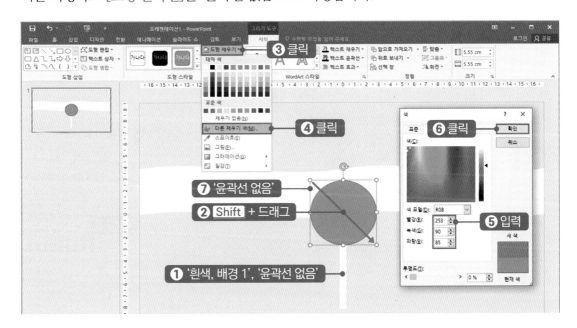

2 '모서리가 둥근 직사각형' 도형을 삽입한 후 노란 조절점(⬤)을 드래그하여 도형 모양을 변경한 다음 [도형 채우기]의 [다른 채우기 색]을 클릭하여 빨강의 입력칸에 '246', 녹색의 입력칸에 '47', 파랑의 입력칸에 '0'을 입력하여 색을 지정하고 [도형 윤곽선]은 '윤곽선 없음'으로 지정합니다.

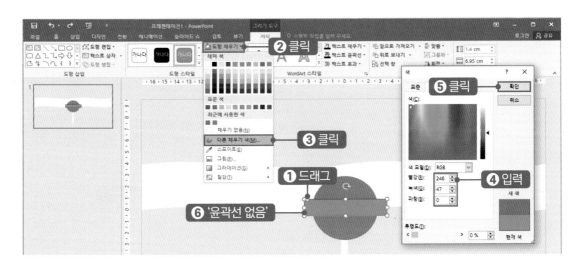

3 [Shift] 키를 누른 채로 2개의 '타원' 도형을 삽입하고 그림과 같이 배치합니다.

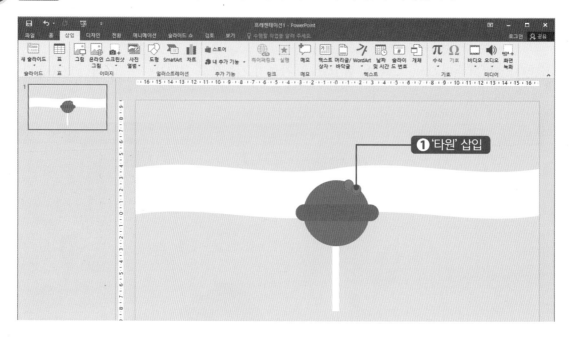

4 세 개의 '타원' 도형을 차례로 클릭하여 선택한 다음 [그리기 도구] – [서식] 탭의 [도형 삽입] 그룹에서 [도형 병합]의 [빼기]를 클릭합니다.

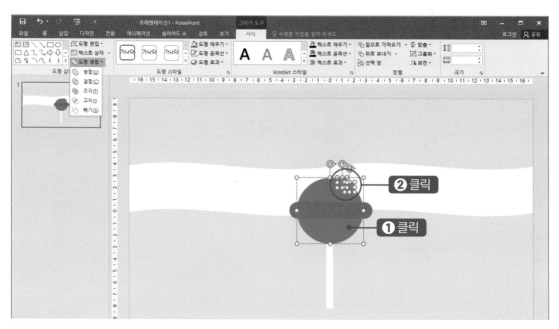

 TIP 도형 병합의 빼기 기능은 기준이 되는(처음 선택한 도형) 도형 이외의 중첩되는 부분을 빼줘요.

03 자르기와 투명한 색 설정하기

자르기 도구를 이용하여 필요한 이미지만 자르고 투명한 색 설정을 이용하여 꾸밉니다.

1 '캔디1.png', '캔디2.png' 그림을 삽입한 후 자르기 기능으로 그림을 자르고 회전하여 슬라이드에 배치합니다.

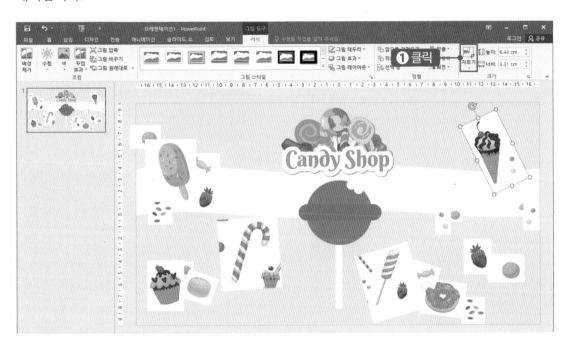

2 자른 그림의 배경의 흰색 부분을 투명한 색으로 지정합니다.

실력 쑥쑥! 창의력 쑥쑥!

1 도형과 그림을 삽입하고 도형 병합의 빼기 기능을 이용하여 다음과 같은 사과를 완성해 보세요.

예제파일 애벌레.png **완성파일** 사과(완성).pptx

1 '타원' 도형 추가
도형 채우기 – '황금색, 강조 4, 40% 더 밝게 ', '빨강'
도형 윤곽선 – '윤곽선 없음'

2 '눈물 방울' 도형 추가
도형 채우기 – '녹색'
도형 윤곽선 – '윤곽선 없음'

3 '모서리가 둥근 직사각형' 도형 추가
도형 채우기 – '황금색, 강조 4, 50% 더 어둡게'
도형 윤곽선 – '윤곽선 없음'

4 도형 병합 – 빼기 : '타원'

5 그림 '애벌레' 추가

2 도형과 그림을 삽입하고 도형 병합의 빼기 기능을 이용하여 다음과 같이 부화하는 병아리를 완성해 보세요.

예제파일 병아리1~2.png **완성파일** 부화(완성).pptx

1 배경 서식
그라데이션 채우기 – '파랑, 강조 1, 50% 더 어둡게', '파랑, 강조 5, 80% 더 밝게'

2 '타원' 도형 추가
도형 채우기 – '빨강 : 226', '녹색 : 147', '파랑 : 99', '주황, 강조 2, 80% 더 밝게', '빨강 : 253', '녹색 : 241', '파랑 : 233',
도형 윤곽선 – '윤곽선 없음'

3 도형 병합 – 빼기 : '포인트가 10개인 별'

4 그림 '병아리1~2' 추가

올바른 손씻기

오늘의 미션
- ✓ SmartArt 삽입하기
- ✓ SmartArt 색 변경 및 그림 채우기
- ✓ SmartArt 도형 모양 변경하기
- ✓ 그림 삽입 및 그림 효과 지정하기

손씻기는 아무리 강조해도 부족하지 않습니다. 이번 시간에는 파워포인트 프로그램의
SmartArt 기능을 이용하여 올바른 손씻기를 안내하는 안내장을 만들어 봅시다.

 **작품 미리보기**

예제파일 손씻기1~5.png **완성파일** 손씻기(완성).pptx

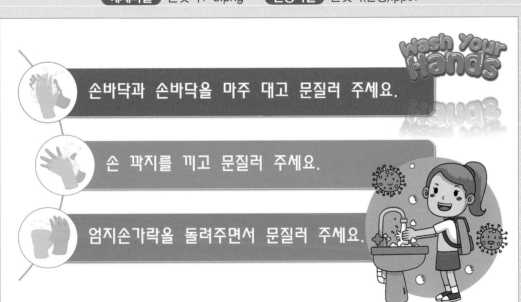

01 SmartArt 삽입하기

세로 곡선 목록형 SmartArt를 삽입합니다.

1 Microsoft Office PowerPoint 2016을 실행한 다음 슬라이드 레이아웃을 [빈 화면]으로 변경한 후 [삽입] 탭의 [일러스트레이션] 그룹에서 [SmartArt]를 클릭한 다음 [SmartArt 그래픽 선택] 대화상자가 실행되면 '목록형'의 '세로 곡선 목록형'을 선택하고 [확인]을 클릭합니다.

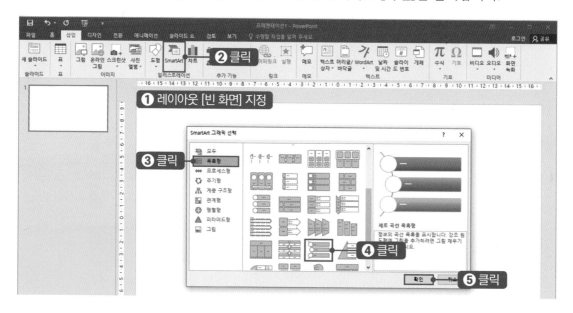

2 SmartArt가 삽입되면 아래 그림과 같이 텍스트를 입력한 후 [홈] 탭의 [글꼴] 그룹에서 글꼴을 '휴먼모음T', 글꼴 크기를 '32pt'로 지정합니다.

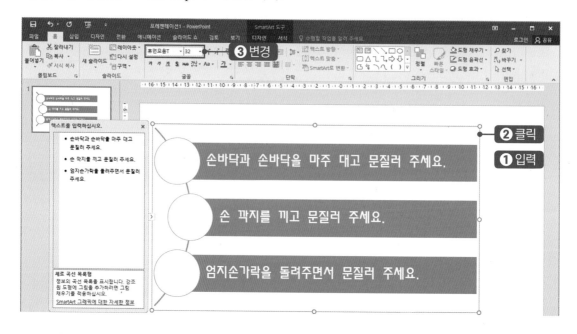

SmartArt 색 변경 및 그림 채우기

SmartArt에 색 변경을 지정하고 타원 도형을 그림으로 채웁니다.

1 [SmartArt 도구] – [디자인] 탭의 [SmartArt 스타일] 그룹에서 [색 변경]을 클릭한 후 '색상형'의 '색상형 범위 – 강조색 5 또는 6'을 클릭합니다.

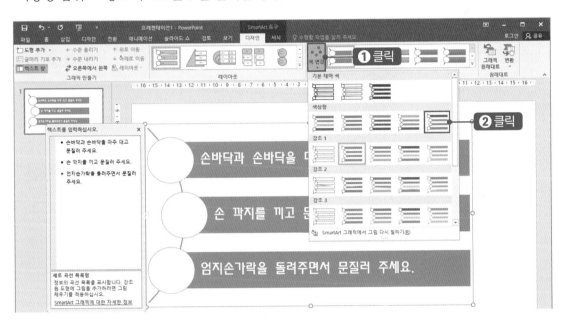

2 삽입된 SmartArt의 타원 도형을 클릭한 후 [SmartArt 도구] – [서식] 탭의 [도형 스타일] 그룹에서 [도형 채우기]의 [그림]을 클릭한 다음 '파일에서'의 '찾아보기'를 클릭하여 '손씻기1.png'를 삽입합니다. 같은 방법으로 다른 타원 도형에 '손씻기 2~3.png'를 삽입합니다.

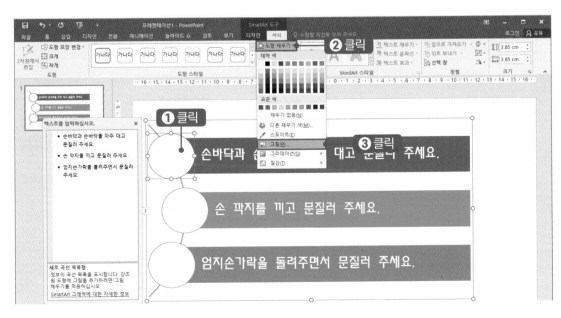

SmartArt 도형 모양 변경 및 효과 지정하기

SmartArt의 도형 모양을 변경하고 그림자 효과를 지정합니다.

1 삽입된 SmartArt의 사각형 도형을 Shift 키를 누른 채 모두 선택한 후 [SmartArt 도구] - [서식] 탭의 [도형] 그룹에서 [도형 모양 변경]을 클릭하고 '모서리가 둥근 직사각형'을 클릭합니다.

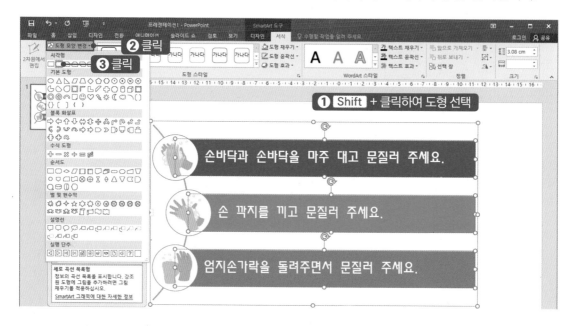

2 삽입된 SmartArt의 모서리가 둥근 직사각형 도형을 Shift 키를 누른 채 모두 선택한 후 [SmartArt 도구] - [서식] 탭의 [도형 스타일] 그룹에서 [도형 효과]의 [그림자]를 클릭하고 '바깥쪽'의 '오프셋 대각선 오른쪽 아래'를 클릭합니다.

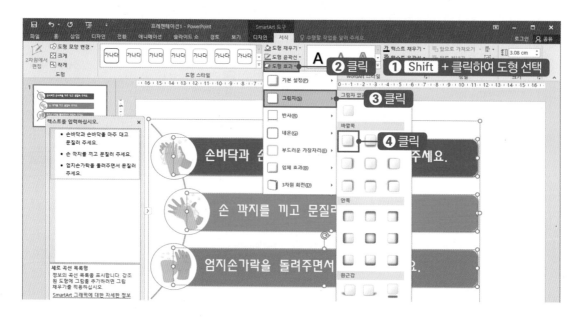

04 그림 삽입 및 그림 효과 지정하기

그림을 삽입하고 삽입한 그림에 반사 효과를 지정합니다.

1 [삽입] 탭의 [이미지] 그룹에서 [그림]을 클릭한 다음 '손씻기4~5.png' 그림을 삽입한 후 크기 및 위치를 조절합니다.

2 '손씻기5' 그림을 선택한 후 [그림 도구] – [서식] 탭의 [그림 스타일] 그룹에서 [그림 효과]의 [반사]를 클릭하고 '반사 변형'의 '전체 반사, 4 pt 오프셋'을 클릭합니다.

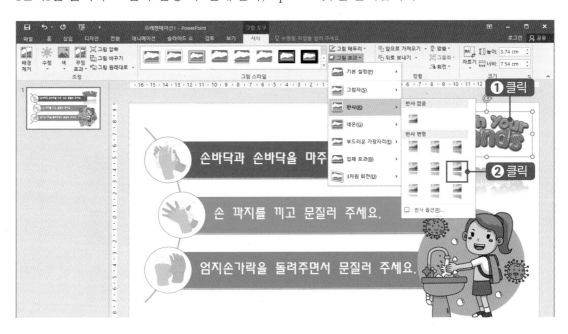

실력 쑥쑥! 창의력 쑥쑥!

1 SmartArt를 삽입하고 SmartArt 서식을 변경하여 다음과 같이 개구리의 한살이를 완성해 보세요.

예제파일 개구리한살이1~6.png   완성파일 개구리한살이(완성).pptx

① 배경 서식
  그림 또는 질감 채우기 – '개구리한살이'
  그림 채우기

② '기본 주기형' SmartArt 추가
  색 변경 – '색상형 – 강조색', '3차원 –
  광택처리'
  글꼴 – '휴먼모음T', '휴먼둥근헤드라인'
  글꼴 크기 – '34pt', '44pt'

③ 그림 '개구리한살이1~5' 추가

2 SmartArt를 삽입하고 SmartArt 서식을 변경하여 다음과 같이 흡연의 위험성을 알리는 안내를 완성해 보세요.

예제파일 금연.jpg   완성파일 흡연의위험성(완성).pptx

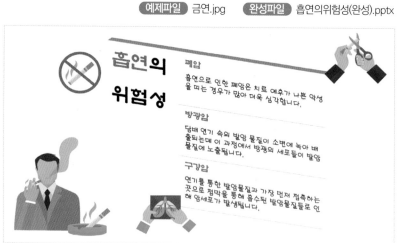

① '선이 그어진 목록형' SmartArt 추가
  색 변경 – '색상형 – 강조색',
  '3차원 – 벽돌'
  글꼴 – '휴먼옛체', 'HY엽서L'
  글꼴 크기 – '54pt', '20pt'
  글꼴색 – '빨강', '검정, 텍스트 1'

② 그림 '금연' 추가

CHAPTER 09

내가 만드는 유튜브 썸네일

오늘의 미션
- ✓ 도형 안에 글자 입력하기
- ✓ 도형 복사하기
- ✓ 그룹화하기

유튜브 영상을 업로드하기 위해 유튜브 썸네일을 제작하려고 합니다. 이번 시간에는 파워포인트 프로그램의 도형 복사 기능을 이용하여 나만의 멋진 유튜브 썸네일을 만들어 봅시다.

작품 미리보기

| 예제파일 | 여름1~4.jpg | 완성파일 | 유튜브썸네일(완성).pptx |

01 도형 안에 글자 입력하기

도형 안에 글자를 입력합니다.

1 Microsoft Office PowerPoint 2016을 실행한 다음 슬라이드 레이아웃을 [빈 화면]으로 변경한 후 [삽입] 탭의 [일러스트레이션] 그룹에서 [도형]을 클릭하여 '액자'와 '직사각형' 도형을 차례로 삽입합니다. 그 다음 두 개의 도형을 모두 선택하고 [도형 채우기]를 클릭하여 '주황, 강조 2, 60% 더 밝게', [도형 윤곽선]을 '윤곽선 없음'으로 지정합니다.

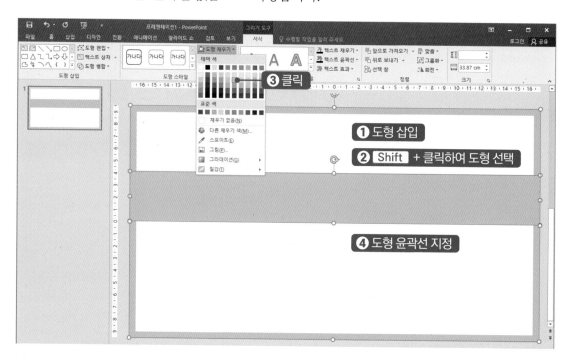

2 Shift 키를 누른 상태로 드래그하여 '타원' 도형을 삽입한 후 '여'를 입력한 다음 [도형 윤곽선]을 '윤곽선 없음'으로 지정합니다. 그 다음 [홈] 탭의 [글꼴] 그룹에서 글꼴을 '휴먼둥근헤드라인', 글꼴 크기를 '44pt'로 지정합니다.

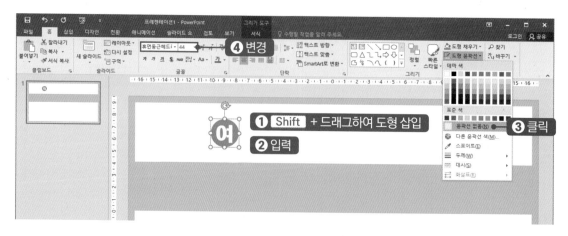

Ctrl + Shift 키를 누른 상태로 드래그하여 도형을 복사합니다.

1 Ctrl + Shift 키를 누른 상태로 '타원' 도형을 드래그하여 도형을 복사한 후 아래 그림과 같이 텍스트를 변경합니다.

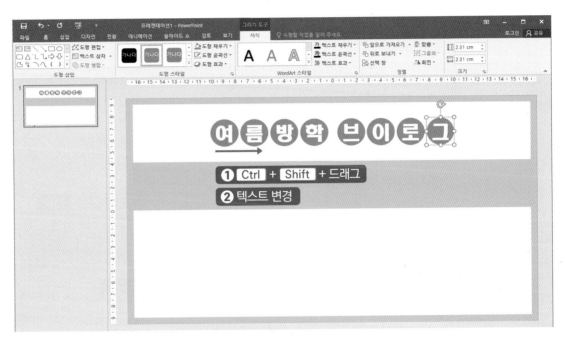

2 복사한 '타원' 도형을 선택하고 [도형 채우기]를 클릭한 후 임의의 색을 지정합니다.

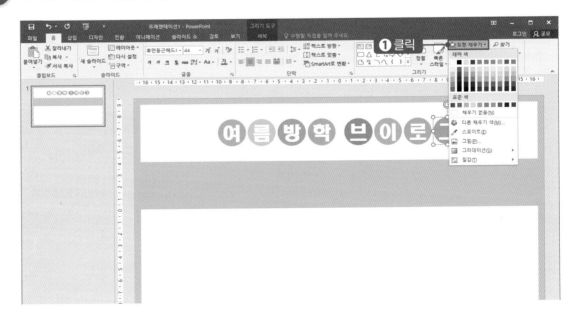

03 그룹화하기

삽입한 도형과 그림을 그룹화하여 하나의 개체로 만듭니다.

1 [삽입] 탭의 [일러스트레이션] 그룹에서 [도형]을 클릭하여 '직사각형' 도형을 삽입한 후 [도형 채우기]를 클릭하여 '흰색, 배경 1', [도형 윤곽선]을 '검정, 텍스트 1'로 지정하고 [도형 효과]를 클릭하여 '그림자'의 '오프셋 대각선 오른쪽 아래'로 지정합니다.

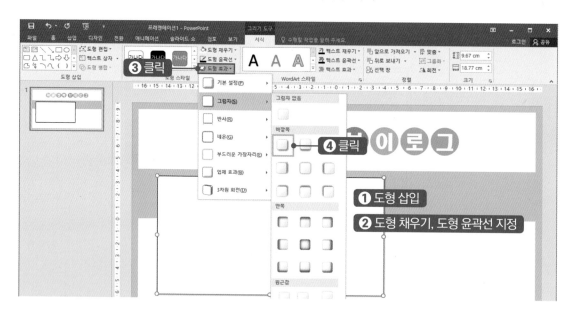

2 '여름1.jpg' 그림을 삽입하여 위치 및 크기를 변경합니다. 그 다음 '텍스트 상자'를 삽입하여 텍스트를 입력하고 글꼴을 'HY견고딕', 글자 크기를 '18pt'로 지정한 후 회전합니다.

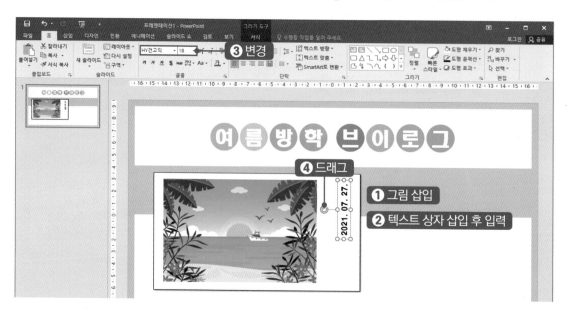

③ '직사각형' 도형과 '여름1' 그림, '텍스트 상자'를 모두 선택한 후 [그리기 도구] – [서식] 탭의 [정렬] 그룹에서 [그룹화]의 [그룹]을 클릭하여 하나의 개체로 만든 후 회전합니다.

④ '여름2~4.jpg' 그림을 삽입하여 위치 및 크기를 변경한 후 자르기 기능과 투명한 색 설정 기능을 이용하여 아래 그림과 같이 썸네일을 완성합니다.

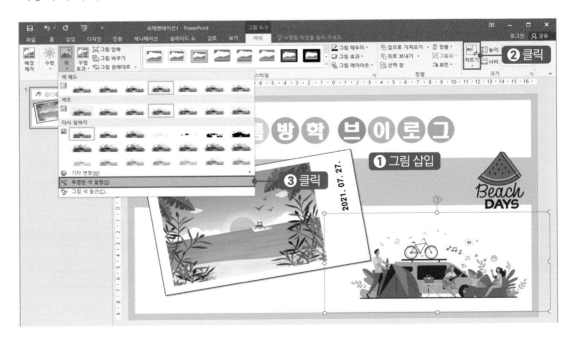

실력 쑥쑥! 창의력 쑥쑥!

1 도형을 삽입하고 텍스트를 입력한 후 서식을 변경하여 다음과 같은 가랜드를 완성해 보세요.

〔예제파일〕 없음 〔완성파일〕 가랜드(완성).pptx

① **'이등변 삼각형' 도형 추가**
　도형 채우기 – 임의의 색
　도형 윤곽선 – '윤곽선 없음'
　글꼴 – '휴먼둥근헤드라인'
　글꼴 크기 – '32pt'

② **'하트' 도형 추가**
　도형 채우기 – '빨강'
　도형 윤곽선 – '윤곽선 없음'

2 도형을 삽입하고 텍스트를 입력한 후 서식을 변경하여 다음과 같은 칭찬스티커를 완성해 보세요.

〔예제파일〕 우주.png, 탈것.jpg 〔완성파일〕 칭찬스티커(완성).pptx

① **배경 서식**
　그림 또는 질감 채우기 – '우주'
　그림채우기

② **'타원' 도형 추가**
　도형 채우기 – 임의의 색, '흰색'
　도형 윤곽선 – '윤곽선 없음'
　글꼴 – '휴먼둥근헤드라인'
　글꼴 크기 – '44pt', '24pt'

③ **'모서리가 둥근 직사각형' 도형 추가**
　도형 채우기 – 임의의 색
　도형 윤곽선 – '윤곽선 없음'

④ **그림 '탈것' 추가**

별똥별이 떨어진다!!

CHAPTER 10

오늘의 미션
- ⊘ 배경 서식 지정하기
- ⊘ 도형 효과 지정하기
- ⊘ 곡선 그리기
- ⊘ 이동 경로 애니메이션 설정하기

하늘에서 떨어지는 별똥별을 표현하려고 합니다. 이번 시간에는 파워포인트 프로그램의 이동 경로 애니메이션을 이용하여 하늘에서 떨어지는 별똥별을 만들어 봅시다.

 작품 미리보기

예제파일 없음　완성파일 별똥별(완성).pptx

01 배경 서식 지정하기

밤 하늘을 표현하기 위해 배경 서식을 그라데이션으로 지정합니다.

1 Microsoft Office PowerPoint 2016을 실행한 다음 슬라이드 레이아웃을 [빈 화면]으로 변경합니다. 그 다음 슬라이드에서 마우스 오른쪽 버튼을 클릭하여 바로 가기 메뉴를 실행하고 [배경 서식]을 클릭한 다음 [배경 서식] 작업창에서 [그라데이션 채우기]를 클릭합니다.

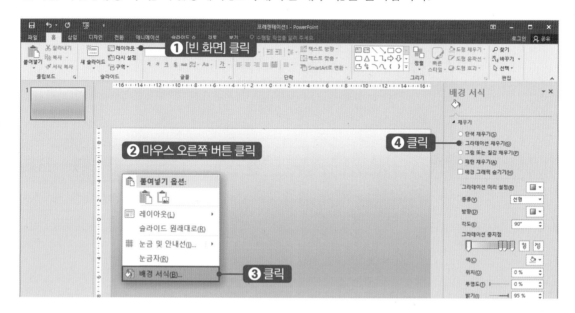

2 [배경 서식] 작업창에서 '그라데이션 중지점'의 첫 번째 중지점을 클릭하고 '색'을 '검정, 텍스트 1'로 지정한 후 '위치'를 '0%', '투명도'를 '0%', '밝기'를 '0%'로 지정합니다.

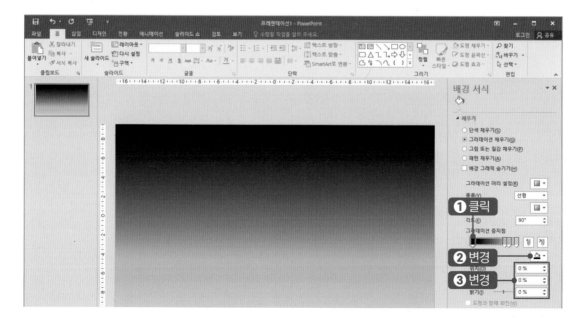

3 [배경 서식] 작업창에서 '그라데이션 중지점'의 두 번째 중지점을 클릭하고 '색'을 '파랑, 강조 5, 50% 더 어둡게'로 지정한 후 '위치'를 '55%', '투명도'를 '0%', '밝기'를 '-50%'로 지정합니다.

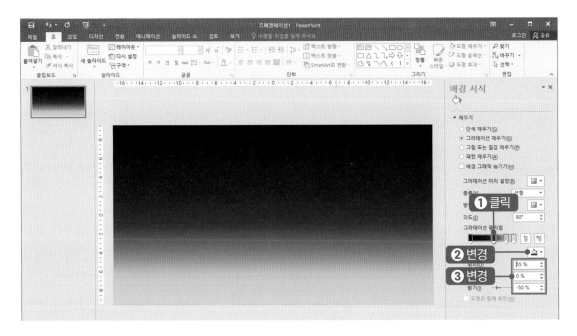

4 '그라데이션 중지점'의 세 번째 중지점을 클릭하고 '색'을 '파랑, 강조 1, 50% 더 어둡게', '위치'를 '78%', '투명도'를 '0%', '밝기'를 '-50%'로 지정합니다. 그리고 네 번째 중지점을 클릭하여 '색'을 '파랑, 강조 5, 50% 더 어둡게', '위치'를 '100%', '투명도'를 '0%', '밝기'를 '-25%'로 지정합니다.

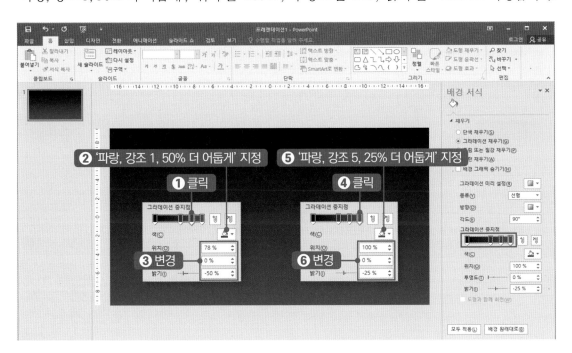

도형 효과 지정하기

반짝이는 별을 표현하기 위해 도형에 네온 효과를 지정합니다.

1 '포인트가 5개인 별' 도형을 삽입한 후 [도형 채우기]를 '노랑', [도형 윤곽선]을 '윤곽선 없음'으로 지정한 다음 [도형 효과]의 [네온]을 클릭하여 '황금색, 8pt 네온, 강조색 4'로 지정합니다.

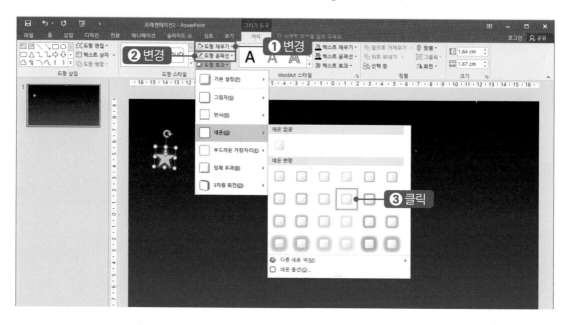

2 **1** 과 같은 방법으로 도형을 삽입한 후 [도형 채우기], [도형 윤곽선], [네온] 효과를 지정하여 아래 그림과 같이 꾸밉니다.

03 곡선 그리기

곡선 도형을 이용하여 별똥별의 꼬리를 그립니다.

1 [삽입] 탭의 [일러스트레이션] 그룹에서 [도형]의 '곡선'을 클릭합니다. 그 다음 클릭하여 곡선의 모양을 그리고 더블 클릭하여 곡선 도형을 완성합니다.

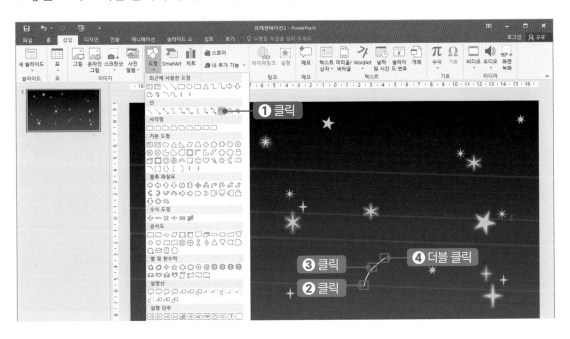

2 완성된 '곡선' 도형을 클릭하고 [도형 채우기]를 '채우기 없음'으로 지정하고 [도형 윤곽선]을 클릭하여 색을 '노랑', 두께를 '3pt'로 지정합니다.

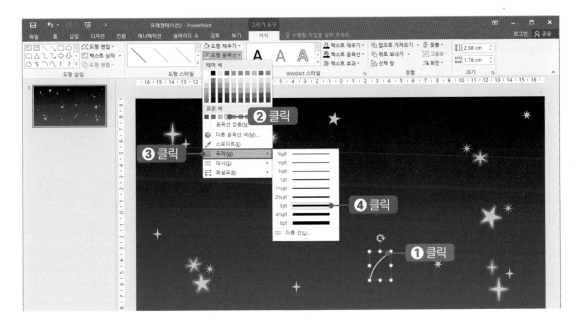

04 이동 경로 애니메이션 설정하기

별똥별이 떨어지는 효과를 이동 경로 애니메이션으로 설정합니다.

① '포인트가 5개인 별' 도형과 '곡선' 도형을 슬라이드 위쪽 밖으로 이동한 후 모두 신택하고 [그리기 도구] – [서식] 탭의 [정렬] 그룹에서 [그룹화]의 [그룹]을 클릭하여 그룹화합니다.

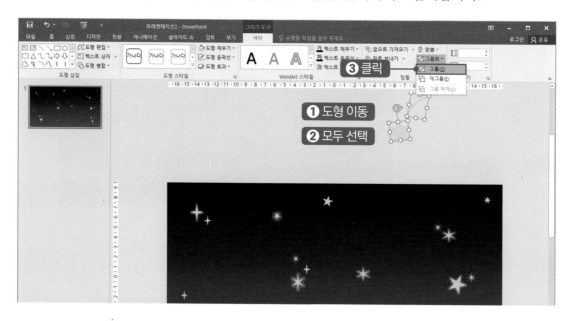

② 그룹화한 도형을 선택하고 [애니메이션] 탭의 [애니메이션] 그룹에서 '이동 경로'의 '선'을 클릭합니다.

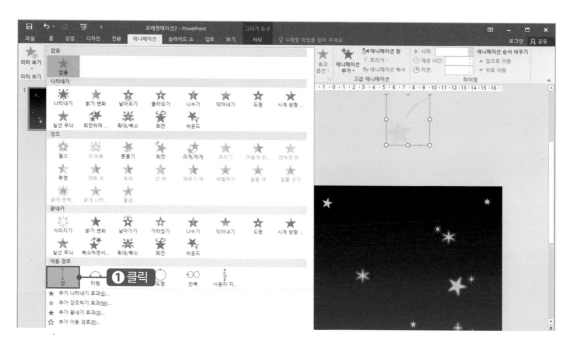

3 '선' 애니메이션이 적용되면 이동 경로의 빨간 점을 이동할 위치로 드래그합니다.

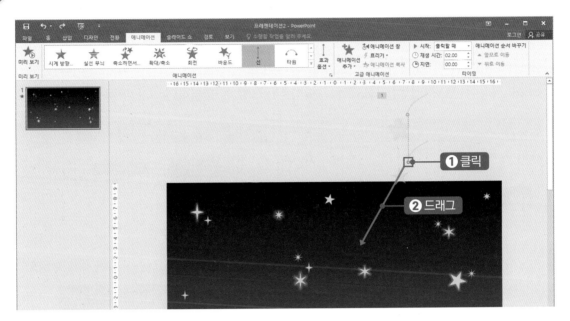

4 [애니메이션] 탭의 [타이밍] 그룹에서 '시작'의 '클릭할 때'를 '이전 효과 다음에'로 선택합니다.

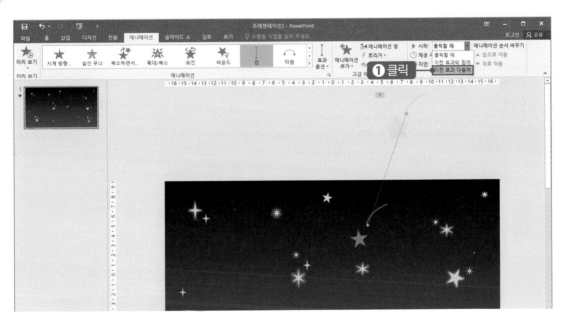

5 애니메이션이 적용된 도형을 복사하여 별똥별을 추가한 다음 이동 경로를 수정하고 F5 키를 눌러 애니메이션을 확인합니다.

실력 쑥쑥! 창의력 쑥쑥!

1 도형을 삽입하고 효과를 지정하여 다음과 같은 전구를 완성해 보세요.

예제파일 없음 **완성파일** 전구(완성).pptx

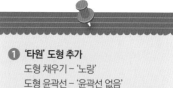

1 '타원' 도형 추가
도형 채우기 – '노랑'
도형 윤곽선 – '윤곽선 없음'
도형 효과 – 기본 설정 : '기본 설정 8'

2 '이등변 삼각형' 도형 추가
도형 채우기 – '채우기 없음'
도형 윤곽선 – '검정, 텍스트 1'
도형 효과 – 네온 : '황금색, 18 pt 네온, 강조색 4'

3 '사다리꼴', '직사각형', '양쪽 모서리가 둥근 사각형' 도형 추가
도형 채우기 – '회색–25%, 배경 2, 25% 더 어둡게'
도형 윤곽선 – '윤곽선 없음'

2 도형과 그림을 삽입하고 애니메이션을 적용하여 해가 지는 풍경을 완성해 보세요.

예제파일 노을.jpg **완성파일** 노을(완성).pptx

1 배경 서식
그라데이션 채우기 – 중지점 1 : '주황, 강조 2, 80% 더 밝게', '위치 0%', 중지점 2 : '주황, 강조 2', '위치 70%'

2 '타원' 도형 추가
도형 채우기 – '빨강'
도형 윤곽선 – '윤곽선 없음'
애니메이션 – 끝내기 : '가라앉기'

3 그림 '노을' 추가

생일 초대장

오늘의 미션
- ⊘ 자르기 및 투명한 색 설정하기
- ⊘ 배경 제거하기
- ⊘ 보관할 영역 표시 및 제거할 영역 표시

내 생일에 친구들을 초대하려고 합니다. 이번 시간에는 파워포인트 프로그램의 배경 제거 기능을 이용하여 **생일 초대장**을 만들어 봅시다.

 **작품 미리보기**

예제파일 초대장1~3.jpg　　**완성파일** 초대장(완성).pptx

자르기 및 투명한 색 설정하기

자르기 도구와 투명한 색 설정을 이용하여 가랜드를 완성합니다.

1 Microsoft Office PowerPoint 2016을 실행한 다음 슬라이드 레이아웃을 [빈 화면]으로 변경합니다. 그 다음 [삽입] 탭의 [일러스트레이션] 그룹에서 [도형]을 클릭하고 '액자' 도형을 삽입한 후 노란색 조절점을 드래그하여 도형 모양을 변경합니다. 그 다음 [도형 채우기]는 '주황, 강조 2, 40% 더 밝게', [도형 윤곽선]을 '윤곽선 없음'으로 지정합니다.

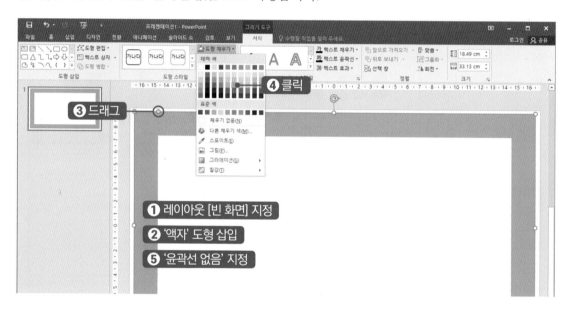

2 '초대장1.jpg' 그림을 삽입한 후 [그림 도구] - [서식] 탭의 [자르기]를 클릭하여 그림을 잘라낸 다음 [색]의 [투명한 색 설정]을 클릭하여 흰색 배경을 투명하게 설정합니다.

그림의 배경 제거하기

그림을 삽입하고 삽입한 그림의 배경을 제거합니다.

1 [삽입] 탭의 [이미지] 그룹에서 [그림]을 클릭하여 '초대장2.jpg' 그림을 삽입한 후 [그림 도구] − [서식] 탭의 [조정] 그룹에서 [배경 제거]를 클릭합니다.

2 필요한 부분의 색상이 활성화되도록 조절점을 드래그하여 지정한 후 [변경 내용 유지]를 클릭합니다. 그리고 난 후 [자르기]를 클릭하여 필요없는 부분을 잘라냅니다.

① '초대장.jpg' 그림을 삽입한 후 [배경 제거]를 클릭하고 사용할 영역을 드래그하여 지정한 다음 [보관할 영역 표시]를 클릭합니다. 이어서 지정된 영역 중 추가로 표시될 부분을 클릭 또는 드래그하여 지정하고 [변경 내용 유지]를 클릭합니다. 그 다음 [자르기]를 클릭하여 필요 없는 부분을 잘라냅니다.

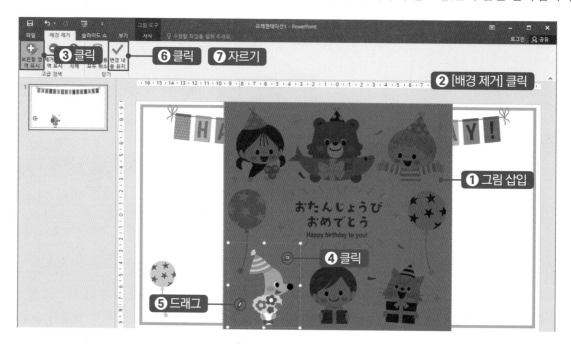

② '초대장.jpg' 그림을 삽입한 후 [배경 제거]를 클릭하고 사용할 영역을 드래그하여 지정한 다음 [제거할 영역 표시]를 클릭합니다. 이어서 지정된 영역 중 삭제하고 싶은 부분을 클릭 또는 드래그하여 지정하고 [변경 내용 유지]를 클릭합니다. 그 다음 [자르기]를 클릭하여 필요 없는 부분을 잘라냅니다.

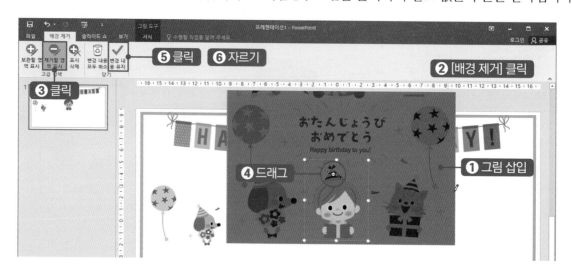

3 '초대장2~3.jpg' 그림을 추가하고 배경 제거를 이용하여 아래 그림과 같이 초대장을 꾸밉니다.

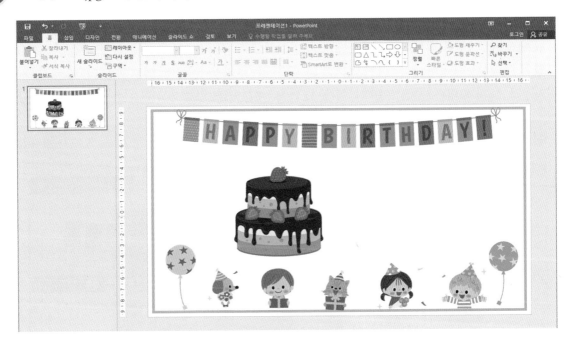

4 [삽입] 탭의 [텍스트 상자]를 클릭하고 드래그하여 삽입한 후 아래 그림과 같이 텍스트를 입력한 다음 [홈] 탭의 [글꼴] 그룹에서 글꼴을 '휴먼편지체', 글꼴 크기를 '28pt', '굵게'로 지정합니다.

실력 쑥쑥! 창의력 쑥쑥!

1 그림을 삽입하고 배경을 제거하여 다음과 같은 명함을 완성해 보세요.

예제파일 명함1~2.jpg 완성파일 명함1(완성).pptx

❶ '직사각형' 도형 추가
   도형 채우기 – '흰색, 배경 1'
   도형 윤곽선 – '검정, 텍스트 1'
   도형 효과 – 그림자 : '원근감 대각선 오른쪽 위'.

❷ '타원', '대각선 줄무늬' 도형 추가
   도형 채우기 – 임의의 색
   도형 윤곽선 – '윤곽선 없음'

❸ '텍스트 상자' 추가
   텍스트 – 임의의 글꼴, '44pt'. '20pt'

❹ 그림 '명함1~2' 추가

2 그림을 삽입하고 배경을 제거하여 다음과 같은 명함을 완성해 보세요.

예제파일 명함2~3.jpg 완성파일 명함2(완성).pptx

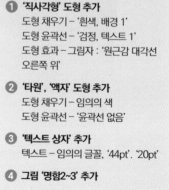

❶ '직사각형' 도형 추가
   도형 채우기 – '흰색, 배경 1'
   도형 윤곽선 – '검정, 텍스트 1'
   도형 효과 – 그림자 : '원근감 대각선 오른쪽 위'

❷ '타원', '액자' 도형 추가
   도형 채우기 – 임의의 색
   도형 윤곽선 – '윤곽선 없음'

❸ '텍스트 상자' 추가
   텍스트 – 임의의 글꼴, '44pt'. '20pt'

❹ 그림 '명함2~3' 추가

CHAPTER 12

한국의 전통을 찾아서

오늘의 미션
- ◎ 도형 및 그림 삽입하기
- ◎ 텍스트 상자 삽입하기
- ◎ 그룹화 하기

우리나라의 전통을 알리려고 합니다. 이번 시간에는 파워포인트 프로그램의 도형, 그림, 텍스트 상자 등의 개체 삽입으로 **한국의 전통**을 알리는 홍보물을 만들어 봅시다.

🔍 작품 미리보기

예제파일 옹기.jpg, 장식1~2.jpg, 한복.jpg, 한옥.jpg   **완성파일** 한국의전통(완성).pptx

한국의 전통을 찾아서

한복
직선과 약간의 곡선이 기본을 이루어, 옷의 선이 아름다운 우리나라 고유의 의복이다.

한옥
여름에는 시원한 마루가 있고, 겨울에는 따뜻한 온돌이 있어 사계절이 뚜렷한 우리나라에 떡 맞는 집이다.

옹기
구멍을 통해 공기가 드나들고 나쁜 물질이 밖으로 나오면서 음식이 썩지 않고 오래 보존되는 그릇이다.

01 도형 및 그림 삽입하기

도형 삽입 후 도형 서식을 변경하고 그림을 삽입합니다.

1 Microsoft Office PowerPoint 2016을 실행한 다음 슬라이드 레이아웃을 [빈 화면]으로 변경합니다. 그 다음 슬라이드에서 마우스 오른쪽 버튼을 클릭하여 바로 가기 메뉴를 실행하고 [배경 서식]을 클릭한 다음 [배경 서식] 작업창에서 [단색 채우기]를 클릭하고 색을 '흰색, 배경 1, 5% 더 어둡게'로 지정합니다.

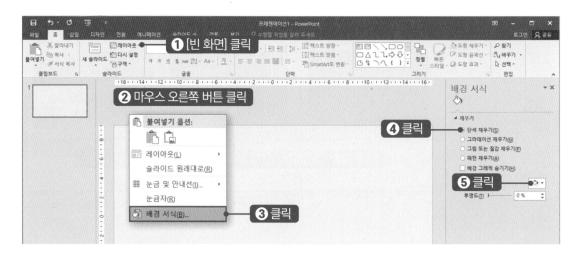

2 '배지' 도형을 삽입한 후 [도형 채우기]를 '흰색, 배경1, 25% 더 어둡게', [도형 윤곽선]을 '윤곽선 없음'으로 지정합니다. 그 다음 '직사각형' 도형을 삽입한 후 [도형 채우기]를 '흰색, 배경 1', [도형 윤곽선]을 '검정, 텍스트 1', [도형 효과]를 '그림자'의 '오프셋 대각선 오른쪽 아래'로 지정합니다.

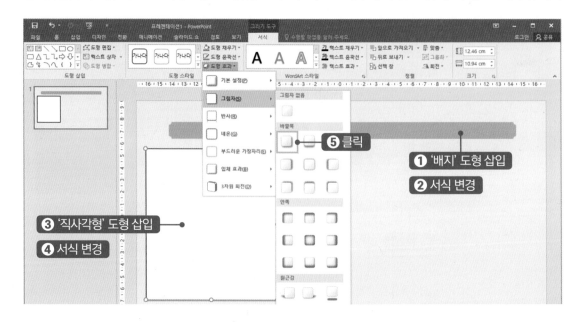

3 '직사각형' 도형을 Ctrl + Shift 키를 누른 채로 드래그하여 복사하고 [삽입] 탭의 [이미지] 그룹의 [그림]을 클릭하여 '옹기.jpg', '한복.jpg', '한옥.jpg' 그림을 삽입하고 위치 및 크기를 조절합니다.

4 '장식1~2.png' 그림을 삽입한 후 [자르기]를 클릭하여 필요한 부분만 남겨 자른 후 그림의 흰 배경을 투명한 색으로 설정하고 크기 및 위치를 조절하여 배치합니다.

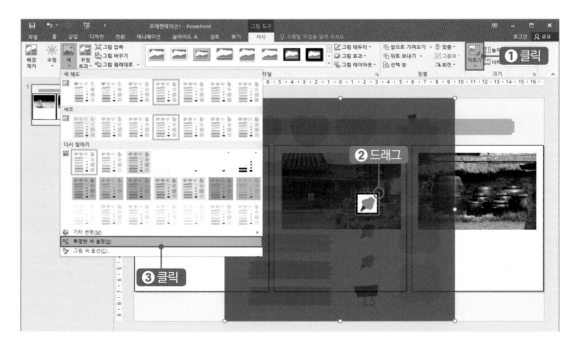

02 텍스트 상자 삽입하기

텍스트 상자를 삽입한 후 내용을 입력한 다음 글꼴 서식을 변경합니다.

1 [삽입] 탭의 [텍스트] 그룹에서 [텍스트 상자]를 클릭하여 삽입한 후 '한국의 전통을 찾아서'를 입력한 다음 글꼴을 '문체부 쓰기 정체', 글꼴 크기를 '44pt', '굵게'로 지정합니다.

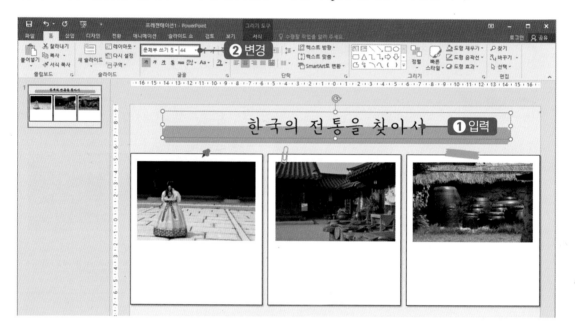

2 [삽입] 탭의 [텍스트] 그룹에서 [텍스트 상자]를 클릭하여 삽입한 후 아래 그림과 같이 텍스트를 입력한 다음 글꼴을 'HY헤드라인M', 'HY그래픽M', 글꼴 크기를 '24pt', '16pt'로 지정합니다.

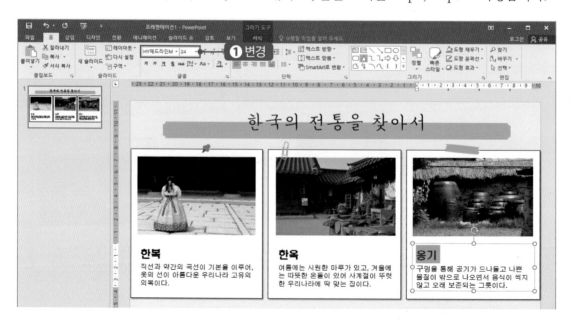

03 그룹화 하기

삽입한 도형과 그림, 텍스트 상자를 그룹화한 후 회전하여 슬라이드를 완성합니다.

1 `Shift` 키를 누른 상태로 '직사각형', '텍스트 상자', '그림'을 선택한 후 마우스 오른쪽 버튼을 눌러 바로 가기 메뉴를 실행하고 [그룹화]의 [그룹]을 클릭합니다.

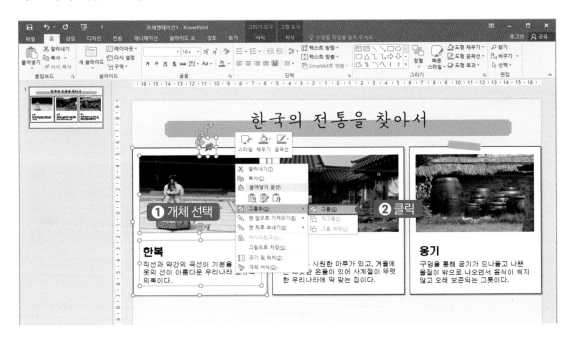

2 그룹화 한 개체를 회전하고 위치를 이동하여 배치합니다.

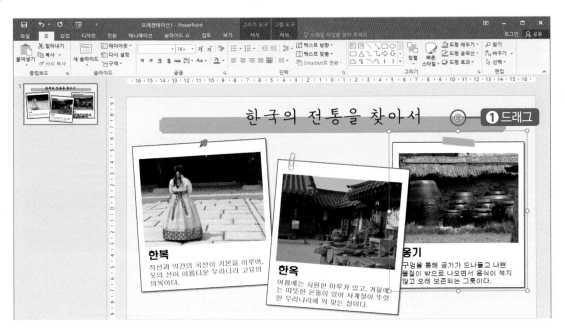

실력 쑥쑥! 창의력 쑥쑥!

1 도형, 그림 등의 개체를 삽입하고 그룹화하여 다음과 같은 꽃도감을 완성해 보세요.

예제파일 꽃1~3.png, 나팔꽃.jpg, 라벤디.jpg, 안개꽃.jpg, 장미꽃.jpg, 할미꽃.jpg, 호박꽃.jpg

완성파일 꽃(완성).pptx

❶ '직사각형' 도형 추가
도형 채우기 – 임의의 색
도형 윤곽선 – '검정, 텍스트 1'

❷ '타원' 도형 추가
도형 채우기 – 임의의 색
도형 윤곽선 – '윤곽선 없음'

❸ '텍스트 상자' 추가
텍스트 – '휴먼아미체', '18pt'

❹ 그림 '꽃1~3', '꽃 사진' 추가

2 도형, 그림 등의 개체를 삽입하고 그룹화하여 다음과 같은 기념일 소개를 완성해 보세요.

예제파일 기념일1~4.jpg   **완성파일** 기념일(완성).pptx

발렌타인 데이

2월 14일
한국과 일본에서는 세속적인 이벤트 날로
많이 인식되어 여자가 남자에게 초콜릿
등을 주는 날로 알려져 있습니다.

화이트 데이

3월 14일
한국에서는 남성이 좋아하는 여성에게 사
탕을 주는 날로 알려져 있지만, 일본에
서는 사탕이 아니라 흰색을 더 중요하게
여겨 화이트 초콜릿, 마시멜로 등을 선
물하기도 합니다.

❶ '모서리가 접힌 도형' 도형 추가
도형 채우기 – 임의의 색
도형 윤곽선 – '윤곽선 없음'

❷ '텍스트 상자' 추가
텍스트 – '휴먼엑스포', '휴먼옛체',
'휴먼모음T', '40pt'. '24pt', '18pt'

❸ 그림 '기념일1~4' 추가

내 마음대로 꾸미는 다이어리

CHAPTER 13

오늘의 미션
- ✓ 슬라이드 세로 방향 설정하기
- ✓ 표 삽입 및 스타일 설정하기
- ✓ 표 음영 색 지정하기

다이어리는 날짜별로 간단한 메모를 할 수 있는 일종의 사무용 수첩입니다. 이번 시간에는 파워포인트 프로그램으로 표를 삽입하여 나만의 다이어리를 만들어 봅시다.

 **작품 미리보기**

| 예제파일 | 날씨.jpg, 크리스마스1~8.jpg, 표정.jpg | 완성파일 | 다이어리1(완성).pptx |

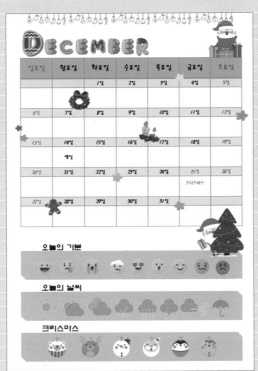

01 슬라이드 세로 방향 설정하기

다이어리를 만들기 위해 슬라이드를 세로 방향으로 설정합니다.

1 Microsoft Office PowerPoint 2016을 실행한 다음 [홈] 탭의 [슬라이드] 그룹에서 [레이아웃]을 클릭한 후 [빈 화면]으로 변경하고, [디자인] 탭의 [사용자 지정] 그룹에서 [슬라이드 크기]의 [사용자 지정 슬라이드]를 클릭합니다.

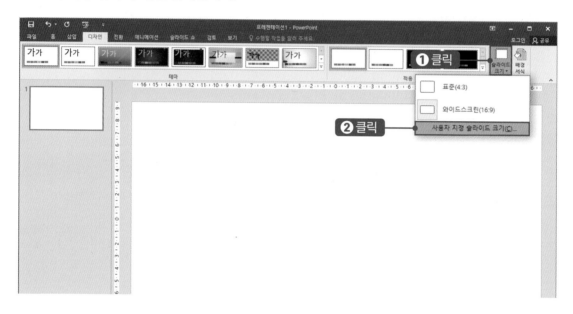

2 [슬라이드 크기] 대화상자가 실행되면 '슬라이드 크기'를 'A4 용지 (210x297mm)'로 선택하고 '슬라이드 방향'의 '세로'를 선택한 후 [확인], [맞춤 확인]을 차례로 클릭합니다.

02 표 삽입 및 스타일 설정하기

달력을 만들기 위해 표를 삽입하고 스타일을 설정하여 예쁘게 꾸밉니다.

1 [삽입] 탭의 [표] 그룹에서 [표]의 [표 삽입]을 클릭한 후 '열 개수'를 7, '행 개수'를 11로 입력하고 [확인] 단추를 클릭합니다.

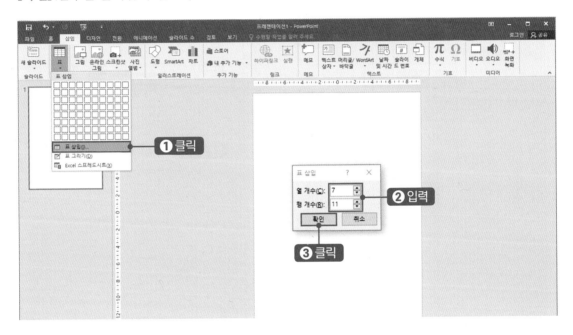

2 추가된 표클 클릭하여 선택한 후 [표 도구] – [디자인] 탭의 [표 스타일] 그룹에서 '밝은 스타일 3, 강조 6'을 클릭합니다.

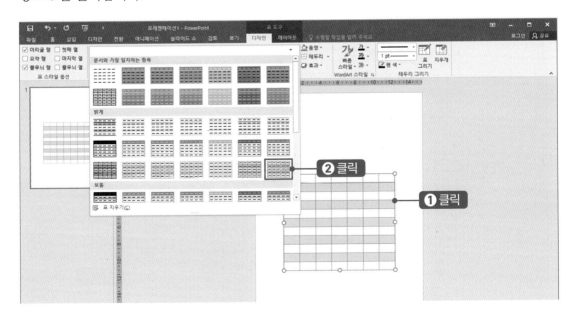

03 표 음영 색 지정하기

표의 첫 행에 음영 색을 지정합니다.

1 아래 그림과 같이 표의 크기 및 위치를 변경한 후 행 높이를 조절합니다.

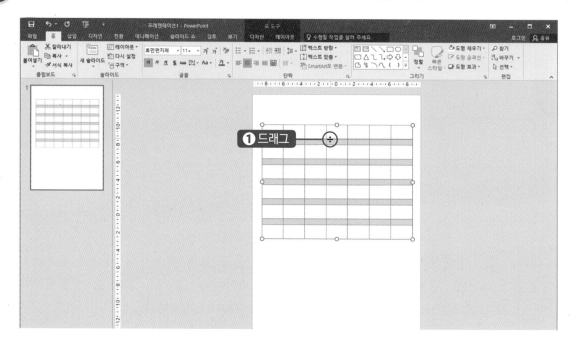

2 표의 첫 행을 드래그하여 선택한 후 [표 도구] – [디자인] 탭의 [표 스타일] 그룹에서 [음영]을 클릭하여 '녹색, 강조 6, 40% 더 밝게'를 클릭합니다.

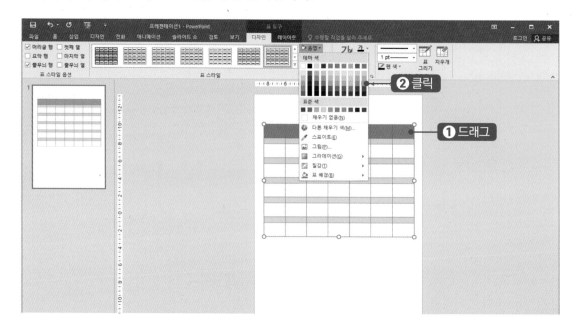

3 표에 텍스트를 입력한 후 글꼴을 '휴먼편지체', 글꼴 크기를 '16pt', '11pt', 글꼴 색을 '빨강', '파랑', '굵게'로 지정한 다음 [가운데 맞춤], [텍스트 맞춤]의 [중간]을 클릭합니다.

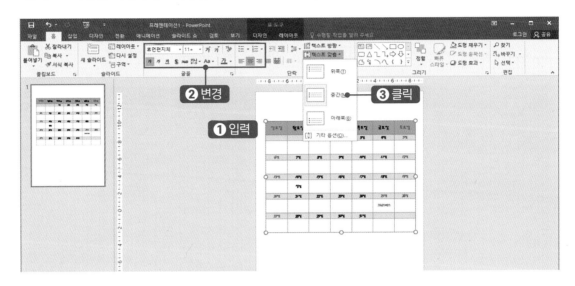

4 '대각선 방향의 모서리가 잘린 사각형' 도형을 삽입하고 [도형 채우기]를 '강조 6, 60% 더 밝게', [도형 윤곽선]을 '윤곽선 없음'으로 지정한 후 복사합니다. 그 다음 '텍스트 상자'를 추가하여 텍스트를 입력하고 글꼴을 '휴먼엑스포', 글꼴 크기를 '16pt'로 지정합니다.

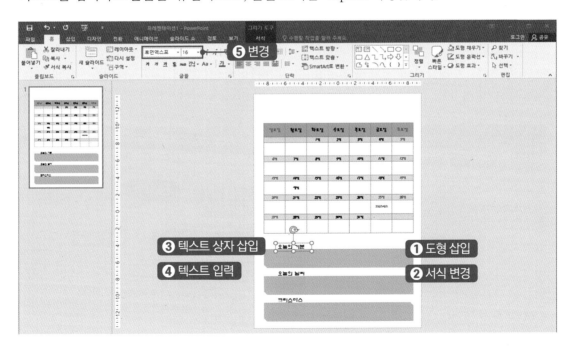

5 '크리스마스1~8.jpg', '날씨.jpg', '표정.jpg' 그림을 삽입하고 [자르기] 및 [투명한 색 설정]을 지정하여 다이어리를 꾸밉니다.

실력 쑥쑥! 창의력 쑥쑥!

1 표를 삽입하고 표 서식을 변경하여 다음과 같은 다이어리를 완성해 보세요.

예제파일 diary.png, memo.png, 크리스마스1~8.jpg **완성파일** 다이어리2(완성).pptx

TWELVE DAYS

해야 할 일	내용
만들기 숙제	재활용품을 활용하여 예쁜 작품 만들기
타자 연습	애국가 5분 타자 검정
독후감 쓰기	추천도서 1권 읽고 독후감 쓰기

MEMO

TODAY'S DIARY

---

① **'표' 추가**
열 개수 – '2', 행 개수 – '6'
표 스타일 – '밝은 스타일 2, 강조 2',
'휴먼편지체', '15pt'

② **'평행 사변형', '직사각형', '대각선 방향의 모서리가 잘린 사각형' 도형 추가**
도형 채우기 – '주황, 강조 2', '흰색, 배경 1'
도형 윤곽선 – '윤곽선 없음'

③ **'직사각형' 도형 추가**
도형 채우기 – '채우기 없음'
도형 윤곽선 – '주황, 강조 2', '긴 파선–점선–점선', '3pt'

④ **'선' 도형 추가**
도형 윤곽선 – '주황, 강조 2'

⑤ **그림 'diary', 'memo', '크리스마스1~8' 추가**

맛있는 볶음밥 레시피

오늘의 미션
- ⊘ 새 슬라이드 추가하기
- ⊘ 문자 간격 조정하기
- ⊘ 슬라이드 마스터 설정하기

맛있는 **볶음밥** 레시피를 만들어 친구들에게 소개하려고 합니다. 이번 시간에는 파워포인트 프로그램의 슬라이드 마스터 기능을 이용하여 **볶음밥** 레시피를 멋지게 만들어 봅시다.

 **작품 미리보기**

예제파일 볶음밥.pptx, 볶음밥1~7.jpg   완성파일 볶음밥(완성).pptx

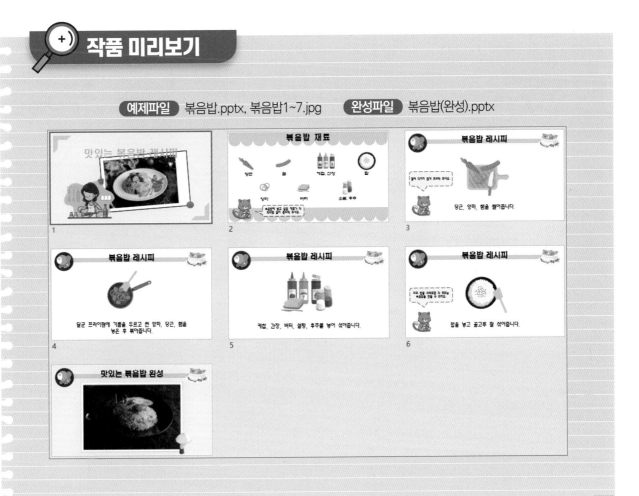

01 새 슬라이드 추가하기

이미 만들어진 슬라이드에 새로운 슬라이드를 추가합니다.

1 Microsoft Office PowerPoint 2016을 실행한 다음 '볶음밥.pptx' 파일을 불러온 후 1번 슬라이드를 클릭하고 [홈] 탭의 [슬라이드] 그룹에서 [새 슬라이드]의 [빈 화면]을 클릭합니다.

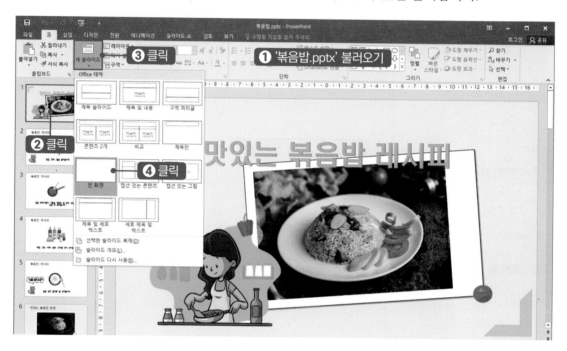

2 추가된 슬라이드에 '직사각형' 도형과 '타원' 도형을 아래 그림과 같이 삽입한 후 [도형 채우기]를 '황금색, 강조 4, 40% 더 밝게', [도형 윤곽선]을 '윤곽선 없음'으로 지정합니다. 그 다음 도형을 모두 선택하고 [그리기 도구] - [서식] 탭의 [정렬] 그룹에서 [그룹화]의 [그룹]을 클릭합니다.

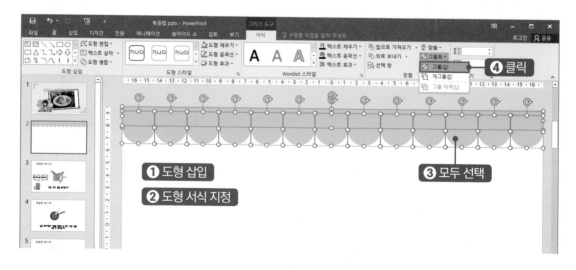

③ 그룹화한 개체를 복사한 후 [그리기 도구] – [서식] 탭의 [정렬] 그룹에서 [회전]의 [상하 대칭]을
클릭합니다.

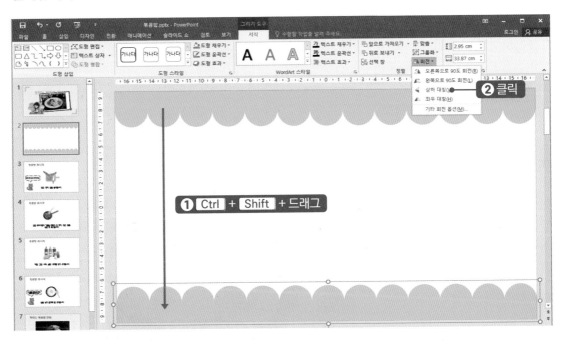

④ '볶음밥1~5.jpg' 그림을 삽입한 후 자르기와 배경 제거를 클릭하여 아래 그림과 같이 볶음밥 재료를
나열합니다.

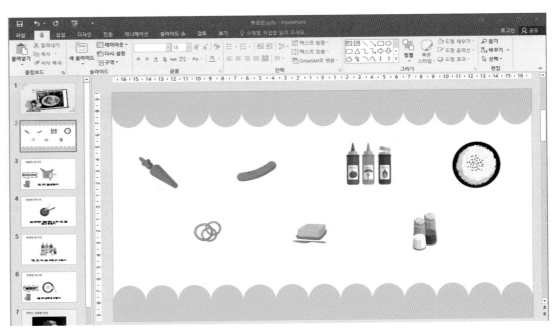

02 문자 간격 조정하기

문자 간격을 넓게 조정합니다.

1 '텍스트 상자'를 삽입하고 각각의 텍스트를 입력한 다음 [홈] 탭의 [글꼴] 그룹에서 글꼴을 'HY헤드라인M', '휴먼엑스포', 글꼴 크기를 '44pt', '24pt', 글자 간격을 '매우 넓게', '표준으로'로 지정합니다.

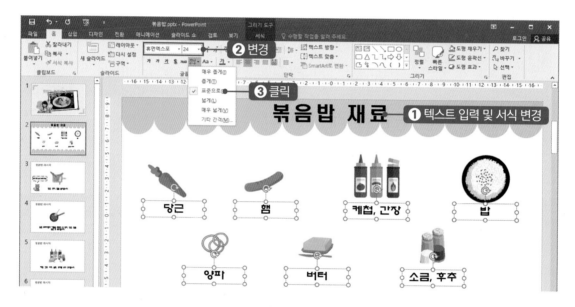

2 3번 슬라이드의 '고양이' 그림과 '모서리가 둥근 사각형 설명선' 도형을 복사하여 2번 슬라이드에 붙여 넣은 후 위치를 이동하고, 텍스트를 수정한 후 '모서리가 둥근 사각형 설명선' 도형의 노란 조절점을 조절합니다.

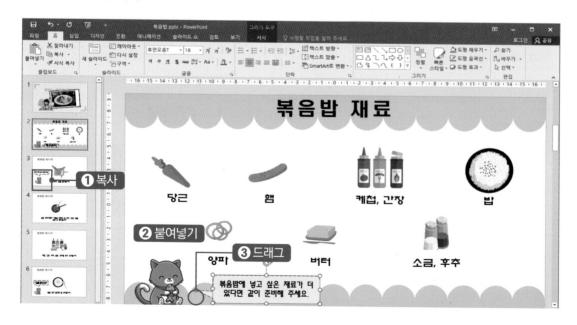

03 슬라이드 마스터 설정하기

슬라이드 마스터를 이용하여 그림을 삽입하고 텍스트 상자의 서식을 변경합니다.

1 3번 슬라이드를 클릭한 후 [보기] 탭의 [마스터 보기] 그룹에서 [슬라이드 마스터]를 클릭한 다음 '마스터 제목 스타일 편집' 텍스트 상자를 위로 이동하고 [홈] 탭의 [글꼴] 그룹에서 글꼴을 'HY헤드라인M', 글꼴 크기를 '44pt', '가운데 맞춤'으로 설정합니다.

2 '직사각형' 도형을 삽입한 후 [도형 채우기]를 '황금색, 강조 4, 40% 더 밝게', [도형 윤곽선]을 '윤곽선 없음'으로 지정합니다. 그 다음 '볶음밥6~7.jpg' 그림을 삽입하고 자르기와 배경 제거 기능을 지정한 후 [슬라이드 마스터] 탭의 [닫기] 그룹에서 [마스터 보기 닫기]를 클릭합니다.

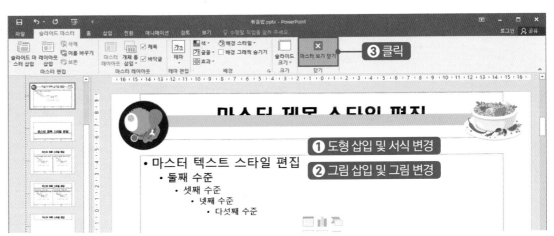

실력 쑥쑥! 창의력 쑥쑥!

1 슬라이드 마스터 기능을 이용하여 다음과 같은 세계여행을 완성해 보세요.

[예제파일] 오스트리아.png, 오스트리아1~3.png, 이달리아.png, 이탈리아1~3.png, 장식1~9.png, 프랑스.png, 프랑스1~3.png

[완성파일] 세계여행(완성).pptx

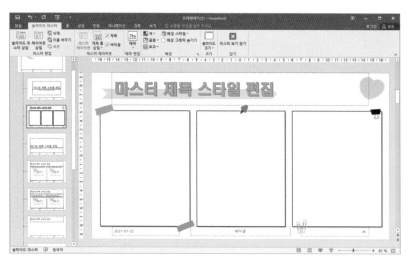

1 슬라이드 마스터 : '갈매기형 수장' 도형 추가
도형 채우기 – 임의의 색 지정
도형 윤곽선 – '윤곽선 없음'

2 슬라이드 마스터 : '마스터 제목 스타일 편집'
WordArt 스타일 – '무늬 채우기 – 파랑, 강조 1, 50%, 진한 그림자 – 강조 1', '48pt'

3 슬라이드 마스터 : '직사각형' 도형 및 그림 '장식4~9' 추가

4 '텍스트 상자' 도형 추가
텍스트 – '휴먼옛체', '문체부 쓰기 정체', '24pt', '18pt'

5 그림 '국기', '나라 사진' 추가

미술관을 다녀와서

오늘의 미션
- ⊘ 테마 설정하기
- ⊘ 슬라이드 마스터 설정하기
- ⊘ 그림 스타일 설정하기

미술관 관람을 다녀온 후 보고서를 작성하려고 합니다. 이번 시간에는 파워포인트 프로그램에서 테마를 설정하여 **미술관 관람 보고서**를 만들어 봅시다.

작품 미리보기

예제파일 미술관.pptx, 모나리자.jpg, 미술관.jpg, 별이빛나는밤에.jpg, 연인.jpg, 최후의만찬.jpg, 해바라기.jpg

완성파일 미술관(완성).pptx

01 테마 설정하기

'자르기' 테마를 설정합니다.

1 Microsoft Office PowerPoint 2016을 실행한 다음 '미술관.pptx' 파일을 불러옵니다.

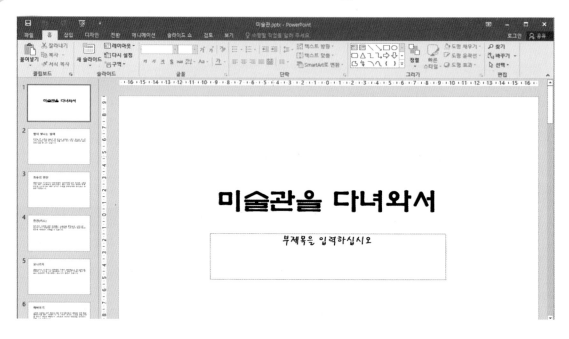

2 테마를 설정하기 위해 [디자인] 탭의 [테마] 그룹에서 자세히 단추를 클릭한 후 '자르기' 테마를 클릭합니다.

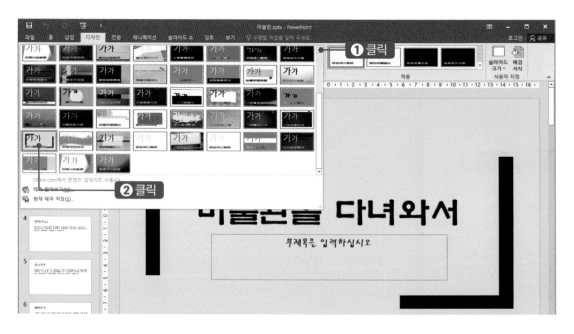

슬라이드 마스터 설정하기

슬라이드 마스터에서 그림을 삽입하고 텍스트 상자의 서식을 변경합니다.

① 2번 슬라이드를 클릭한 후 [보기] 탭의 [마스터 보기] 그룹에서 [슬라이드 마스터]를 클릭합니다. 그 다음 [삽입] 탭의 [이미지] 그룹에서 [그림]을 클릭하여 '미술관.jpg' 그림을 삽입한 후 자르기와 투명한 색 설정을 지정한 다음 위치를 변경합니다.

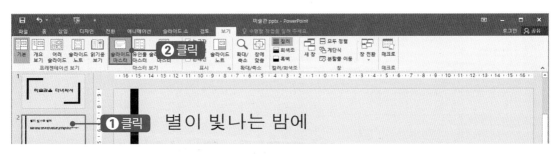

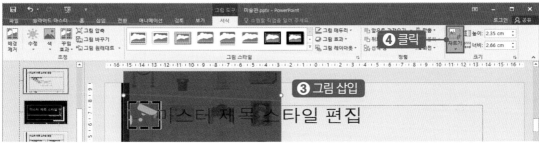

② '마스터 제목 스타일 편집' 텍스트 상자를 클릭하여 글꼴을 '휴먼엑스포', '가운데 맞춤'으로 지정하고 '마스터 텍스트 스타일 편집'의 텍스트 상자를 클릭하여 글꼴을 'HY그래픽M'으로 지정하고 위치와 크기를 변경한 후 [마스터 보기 닫기]를 클릭합니다.

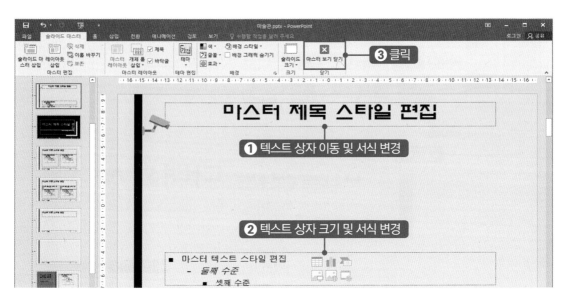

03 그림 스타일 설정하기

삽입한 그림의 스타일을 설정하고 테두리의 두께를 조절합니다.

1 [삽입] 탭의 [이미지] 그룹에서 [그림]을 클릭한 다음 '별이빛나는밤에.jpg' 그림을 삽입한 후 [그림 도구] – [서식] 탭의 [그림 스타일] 그룹에서 '이중 프레임, 검정'을 클릭합니다.

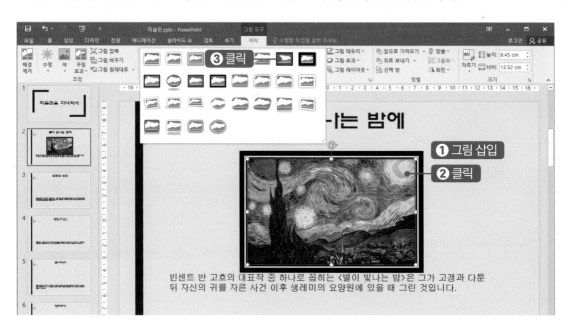

2 [그림 도구] – [서식] 탭의 [그림 스타일] 그룹에서 [그림 테두리]의 [두께]를 클릭하여 '6pt'를 선택합니다.

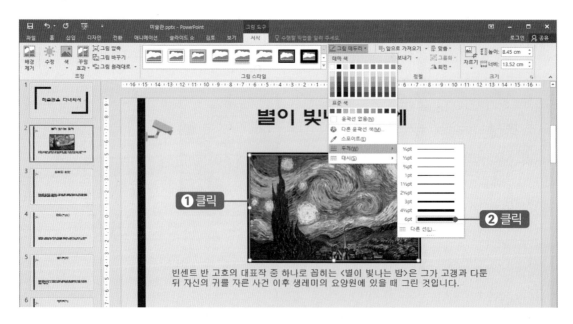

3 [삽입] 탭의 [이미지] 그룹에서 [그림]을 클릭하여 '미술관.jpg' 그림을 삽입한 후 자르기와 투명한 색 설정을 지정하고 위치를 변경합니다.

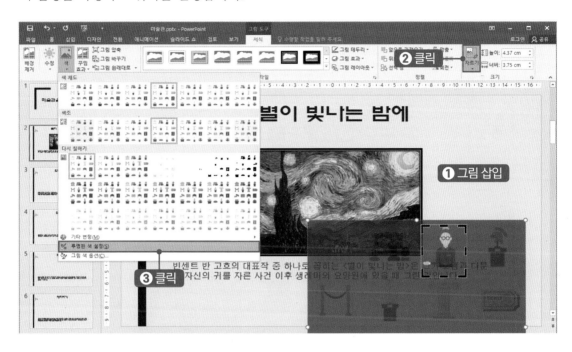

4 **1** ~ **3** 과 같은 방법으로 3~6번 슬라이드에 그림을 삽입한 후 스타일을 적용하여 보고서를 완성합니다.

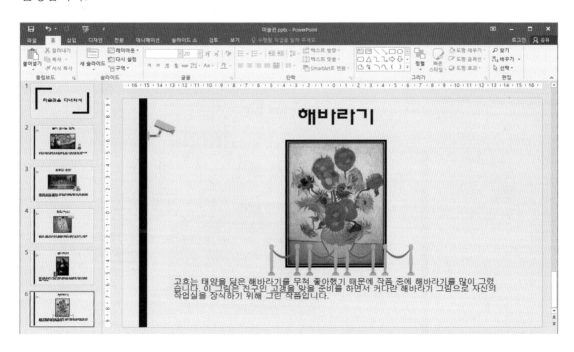

실력 쑥쑥! 창의력 쑥쑥!

1 슬라이드 마스터 기능을 이용하여 다음과 같은 나라별 전통의상을 완성해 보세요.

예제파일 의상1~8.jpg, 의상9.png　　완성파일 나라별 전통의상(완성).pptx

① '기본' 테마 디자인

② 텍스트
　　1번 슬라이드 – '휴먼엑스포', '72pt'
　　2~4번 슬라이드 – '휴먼엑스포', 'Corbel', '54pt', '24pt'

③ 그림 스타일
　　2번 슬라이드 – 대각선 모양의 모서리 잘림, 흰색
　　3번 슬라이드 – 원금감 있는 그림자, 흰색
　　4번 슬라이드 – 회전, 흰색

④ 그림 '의상' 추가

국가별 랜드마크

오늘의 미션
- ⊘ 가로 간격을 동일하게 정렬하기
- ⊘ 그림 크기 조절하기
- ⊘ 위쪽 맞춤으로 정렬하기

국가별 랜드마크를 소개하는 조별과제를 하려고 합니다. 이번 시간에는 파워포인트 프로그램의 맞춤 기능으로 정렬하여 깔끔한 소개 자료를 만들어 봅시다.

 작품 미리보기

예제파일 빅벤.jpg, 에펠탑.jpg, 영화1~2.jpg, 오페라하우스.jpg, 자유의여신상.jpg

완성파일 랜드마크(완성).pptx

01 가로 간격을 동일하게 정렬하기

복사한 도형의 가로 간격을 동일하게 정렬합니다.

1 Microsoft Office PowerPoint 2016을 실행한 다음 슬라이드 레이아웃을 [빈 화면]으로 변경하고 마우스 오른쪽 버튼을 클릭하여 바로 가기 메뉴를 실행하여 [배경 서식]의 [단색 채우기]를 '흰색, 배경 1, 15% 더 어둡게'로 지정합니다. 그 다음 '직사각형' 도형을 삽입한 후 [도형 채우기]는 '검정, 텍스트1', [도형 윤곽선]을 '윤곽선 없음'으로 지정합니다.

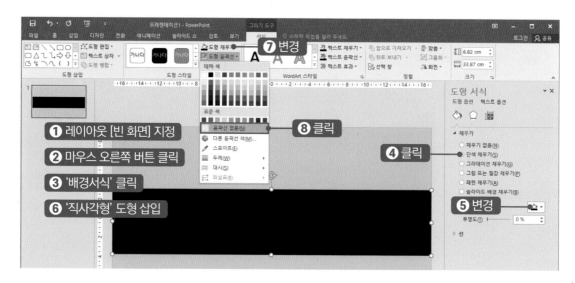

2 '직사각형' 도형을 추가로 삽입한 후 [도형 채우기]를 '흰색, 배경1', [도형 윤곽선]을 '윤곽선 없음'으로 지정한 다음 Ctrl + Shift 키를 누른 상태로 26개를 추가로 복사합니다. 27개의 직사각형을 선택한 후 [그림 도구] – [서식] 탭의 [정렬] 그룹에서 [맞춤]의 [가로 간격을 동일하게]를 클릭합니다.

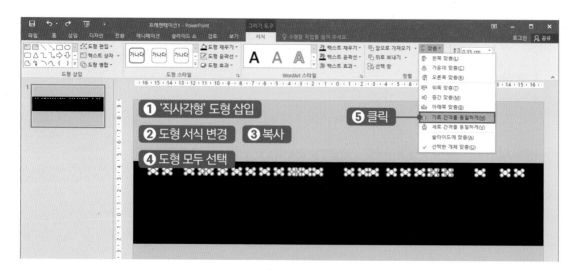

02 그림 크기 조절하기

그림을 삽입하고 높이와 너비를 지정하여 그림의 크기를 조절합니다.

1 [삽입] 탭의 [이미지] 그룹에서 [그림]을 클릭하여 '빅벤.jpg' 그림을 삽입한 후 [그림 도구] – [서식] 탭의 [크기] 그룹에서 [자르기]를 클릭한 다음 필요 없는 부분을 잘라냅니다.

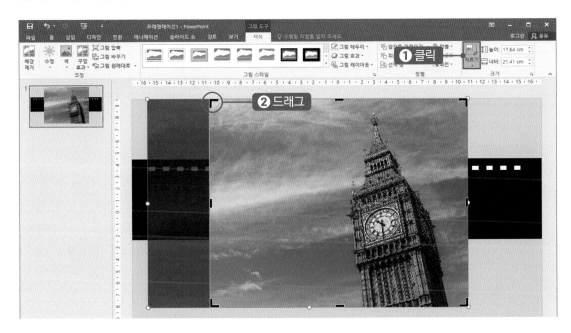

2 그림을 선택한 후 [그림 도구] – [서식] 탭의 [크기] 그룹에서 [크기 및 위치]를 클릭한 다음 '가로 세로 비율 고정' 체크를 해제하고 '높이'를 '5.22cm', '너비'를 '6.34cm'로 수정한 후 위치를 변경합니다.

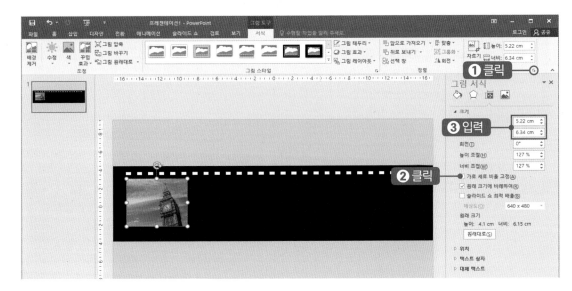

03 위쪽 맞춤으로 정렬하기

삽입한 그림을 선택하고 위쪽 맞춤을 적용하여 정렬합니다.

① '오페라하우스.jpg', '자유의여신상.jpg', '에펠탑.jpg' 그림을 차례로 삽입한 후 자르기와 크기 및 위치를 변경합니다. 그 다음 4개의 그림을 모두 선택한 후 [그림 도구] – [서식] 탭의 [정렬] 그룹에서 [맞춤]의 [위쪽 맞춤]과 [가로 간격을 동일하게]를 차례로 클릭합니다.

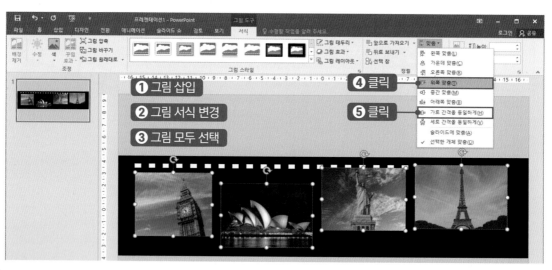

TIP 위쪽 맞춤을 할 경우 선택된 개체 중 가장 위쪽에 있는 개체가 기준이 됩니다.

② '텍스트 상자'를 삽입한 다음 텍스트를 입력하고 [홈] 탭의 [글꼴] 그룹에서 글꼴을 '휴먼모음T', 글꼴 크기를 '18pt'로, 글꼴 색을 '흰색, 배경1'로 지정합니다. 그 다음 위쪽의 '직사각형' 도형을 Ctrl + Shift 키를 누른 상태로 드래그하여 복사합니다.

3 [삽입] 탭의 [이미지] 그룹에서 [그림]을 클릭하여 '영화1.jpg' 그림을 삽입하고 회전한 후 [그림 도구] – [서식] 탭의 [정렬] 그룹에서 [뒤로 보내기]의 [맨 뒤로 보내기]를 클릭합니다.

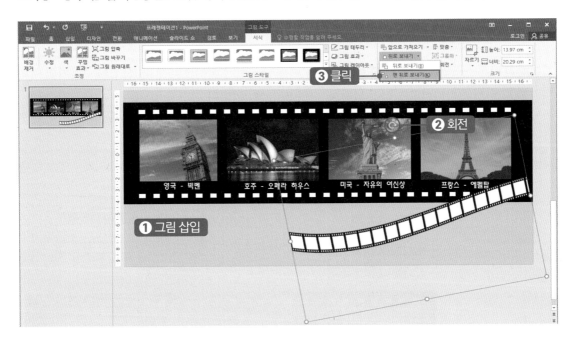

4 '직사각형' 도형을 삽입하고 [도형 채우기]를 '흰색, 배경1, 5% 더 어둡게', [도형 윤곽선]을 '윤곽선 없음'으로 지정합니다. 그 다음 '텍스트 상자'를 추가하여 텍스트를 입력한 후 글꼴을 '휴먼엑스포', 글꼴 크기를 '44pt'로 지정합니다.

5 [삽입] 탭의 [이미지] 그룹에서 [그림]을 클릭하여 '영화2.jpg' 그림을 삽입한 후 자르기와 투명한 색 설정을 지정하고 위치를 변경하여 완성합니다.

실력 쑥쑥! 창의력 쑥쑥!

1 맞춤 기능으로 그림을 정렬하여 다음과 같은 닭의 성장을 완성해 보세요.

예제파일 닭.jpg, 병아리.jpg, 알.jpg   완성파일 닭이성장(완성).pptx

① **'직사각형' 도형 추가**
도형 채우기 – 임의의 색
도형 윤곽선 – '검정, 텍스트 1'

② **'텍스트 상자' 도형 추가**
텍스트 – 'HY헤드라인M', '32pt'

③ **'설명선2(테두리 및 강조선)' 도형 추가**
도형 채우기 – '파랑, 강조 1, 80% 더 밝게'
텍스트 – '맑은 고딕', '18pt'

④ **그림 '닭', '병아리', '알' 추가**

2 맞춤 기능으로 텍스트 상자를 정렬하여 다음과 같은 음악회 초대장을 완성해 보세요.

예제파일 작은음악회1~4.jpg   완성파일 작은음악회(완성).pptx

① **'텍스트 상자' 도형 추가**
텍스트 – '휴먼둥근헤드라인', '36pt', '66pt', '검정, 텍스트 1', '파랑, 강조 5, 25% 더 어둡게',

② **'텍스트 상자' 도형 추가**
텍스트 – '휴먼매직체', '24pt', '20pt', '파랑, 강조 5, 25% 더 어둡게', '검정, 텍스트 1'

③ **그림 '작은음악회1~4' 추가**

직업을 소개합니다

CHAPTER 17

오늘의 미션
- ⊘ 그림 삽입 후 복사하기
- ⊘ 하이퍼링크 설정하기
- ⊘ 슬라이드 쇼 보기

직업 체험 프로그램을 신청하여 각 분야의 직업을 체험했습니다. 이번 시간에는 파워포인트 프로그램의 하이퍼링크 기능을 이용하여 내가 체험한 직업을 소개해 봅시다.

작품 미리보기

예제파일 직업.pptx, 경찰.jpg, 소방관.jpg, 영화.jpg, 요리.jpg, 우체부.jpg, 의사.jpg, 직업.jpg

완성파일 직업(완성).pptx

그림 삽입 후 복사하기

삽입한 그림을 다른 슬라이드에 복사합니다.

1 Microsoft Office PowerPoint 2016을 실행한 다음 '직업.pptx' 파일을 불러온 후 1번 슬라이드를 클릭하고 '직업.jpg' 그림을 삽입한 다음 [그림 도구] – [서식] 탭의 [크기] 그룹에서 [자르기]를 클릭하여 그림을 자른 후 위치와 크기를 변경합니다.

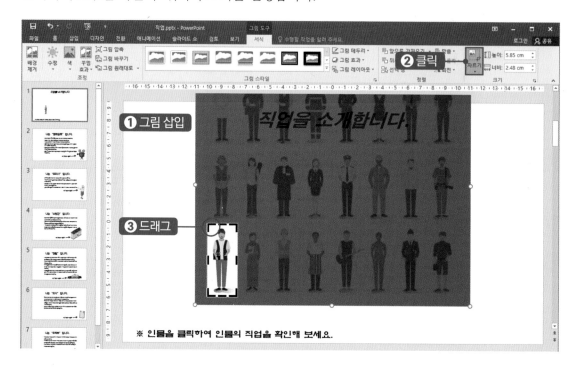

2 그림을 클릭하여 선택하고 [홈] 탭의 [클립보드] 그룹에서 [복사]를 클릭한 후 2번 슬라이드를 클릭한 다음 [홈] 탭의 [클립보드] 그룹에서 [붙여넣기]를 클릭합니다.

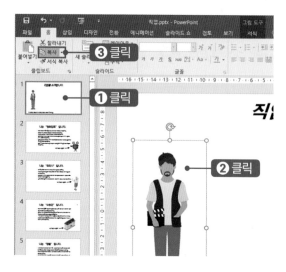 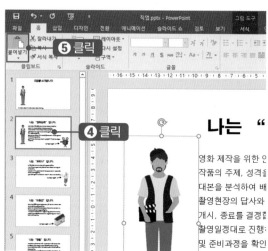

02 하이퍼링크 설정하기

그림을 클릭하면 해당 직업 슬라이드로 연결되도록 하이퍼링크를 설정합니다.

1 1번 슬라이드의 그림을 클릭한 후 [삽입] 탭의 [링크] 그룹에서 [하이퍼링크]를 클릭합니다.

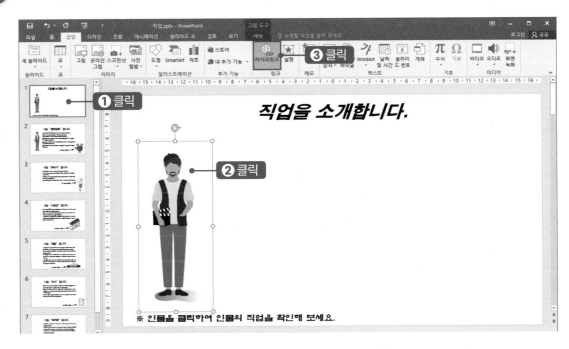

2 [하이퍼링크 편집] 대화상자가 실행되면 연결 대상의 [현재 문서]를 클릭하고 '슬라이드 2'를 클릭한 후 [확인]을 클릭합니다.

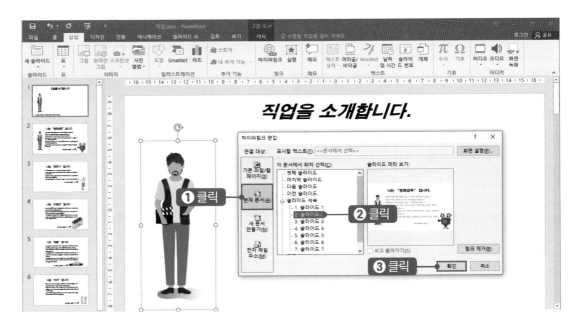

③ 2번 슬라이드의 카메라 그림을 클릭한 후 [삽입] 탭의 [링크] 그룹에서 [하이퍼링크]를 클릭한 다음 [하이퍼링크 편집] 대화상자가 실행되면 연결 대상의 [현재 문서]를 클릭하고 '슬라이드 1'을 클릭한 후 [확인]을 클릭합니다.

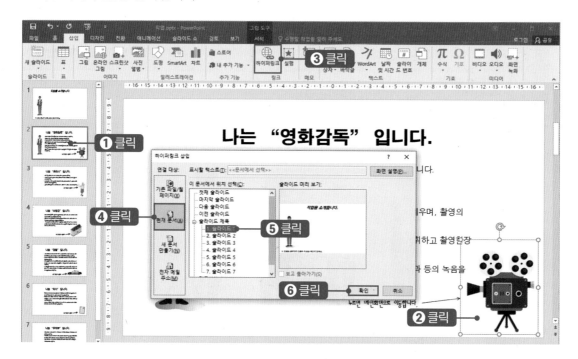

④ 같은 방법으로 그림을 삽입하여 슬라이드를 꾸미고 각각의 그림에 하이퍼링크를 설정하여 직업을 소개하는 문서를 완성합니다.

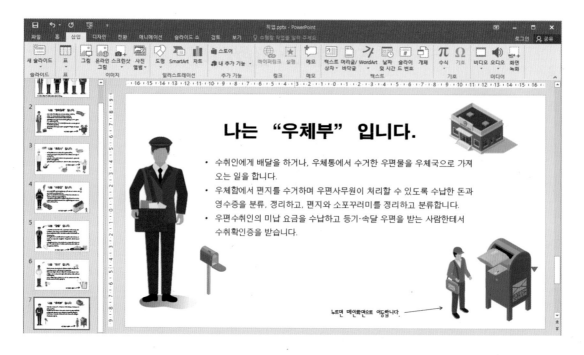

03 슬라이드 쇼 보기

슬라이드 쇼 보기를 진행하여 하이퍼링크 설정을 확인합니다.

1 [슬라이드 쇼] 탭의 [슬라이드 쇼 시작] 그룹에서 [처음부터]를 클릭합니다.

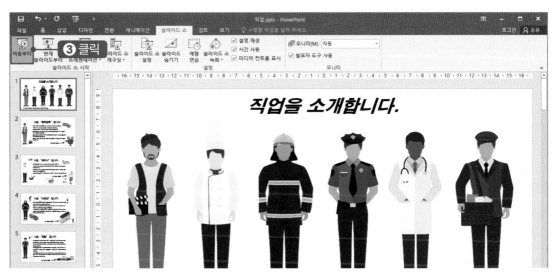

TIP ⟨F5⟩ 키를 누르면 슬라이드 쇼가 처음부터 진행돼요.

2 1번 슬라이드 각각의 그림을 클릭하면 해당 직업 설명 슬라이드로 이동하는지 확인하고 직업 설명 슬라이드의 그림을 클릭하면 1번 슬라이드로 이동하는지 확인합니다.

실력 쑥쑥! 창의력 쑥쑥!

1 그림을 삽입하고 하이퍼링크 기능을 이용하여 다음과 같은 음식 재료를 완성해 보세요.

[예제파일] 음식재료.pptx, 가지.png, 당근.png, 파프리카1~2.png
[완성파일] 음식재료(완성).pptx

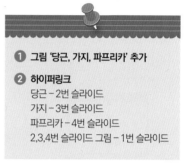

① 그림 '당근, 가지, 파프리카' 추가

② 하이퍼링크
당근 – 2번 슬라이드
가지 – 3번 슬라이드
파프리카 – 4번 슬라이드
2,3,4번 슬라이드 그림 – 1번 슬라이드

2 그림을 삽입하고 하이퍼링크 기능을 이용하여 다음과 같은 내가 좋아하는 애완 동물을 완성해 보세요.

[예제파일] 애완동물.pptx, 애완동물1~8.jpg [완성파일] 애완동물(완성).pptx

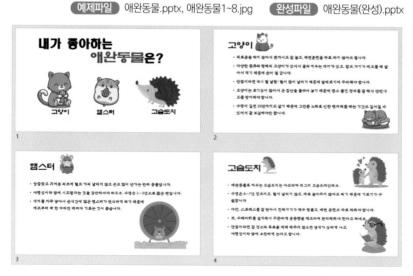

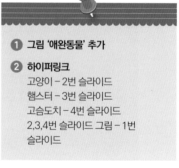

① 그림 '애완동물' 추가

② 하이퍼링크
고양이 – 2번 슬라이드
햄스터 – 3번 슬라이드
고슴도치 – 4번 슬라이드
2,3,4번 슬라이드 그림 – 1번 슬라이드

로딩중.....

오늘의 미션
- ✓ 모양 조절점을 변경하여 도형 모양 변경하기
- ✓ 도형 병합으로 새로운 모양 만들기
- ✓ 밝기 변화 애니메이션 설정하기

인터넷을 활용하면서 **로딩중 화면**을 접하게 될 때가 있습니다. 이번 시간에는 파워포인트 프로그램의 <u>밝기 변화 애니메이션</u>을 이용하여 로딩중 화면을 만들어 봅시다.

 작품 미리보기

예제파일 없음   **완성파일** 로딩중(완성).pptx

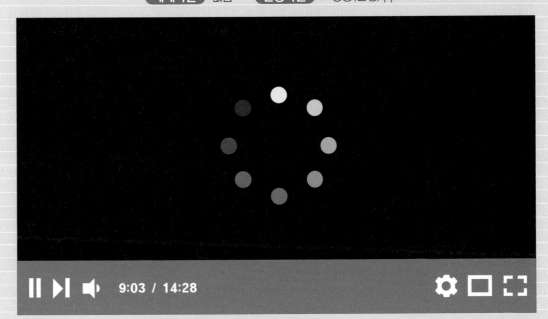

01 모양 조절점을 드래그하여 도형 모양 변경하기

노란색의 모양 조절점을 드래그하여 도형의 모양을 변경합니다.

1 Microsoft Office PowerPoint 2016을 실행한 다음 슬라이드 레이아웃을 [빈 화면]으로 변경합니다. 그 다음 슬라이드에서 마우스 오른쪽 버튼을 클릭하여 바로 가기 메뉴를 실행하고 [배경 서식]을 클릭한 다음 [단색 채우기]를 '검정, 텍스트 1'로 지정합니다.

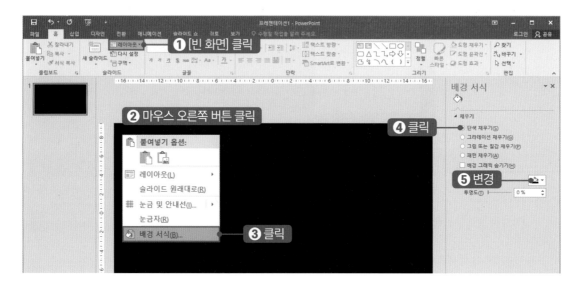

2 '직사각형' 도형을 삽입하고 [도형 채우기]를 '흰색, 배경 1, 50% 더 어둡게', [도형 윤곽선]을 '윤곽선 없음'으로 지정합니다.

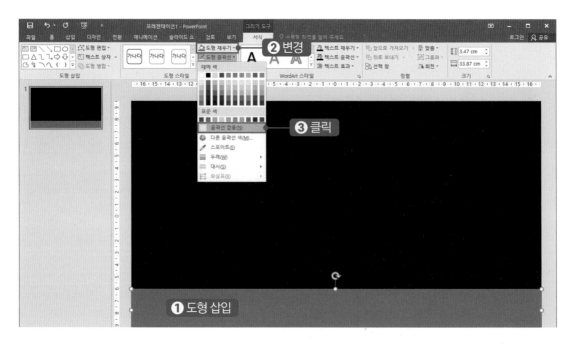

3 '직사각형', '이등변 삼각형' 도형을 삽입하고 회전 기능과 모양 조절점을 변경하여 아래 그림과 같이 모양을 변경한 후 [도형 채우기]를 '흰색, 배경1', [도형 윤곽선]을 '윤곽선 없음'으로 지정합니다.

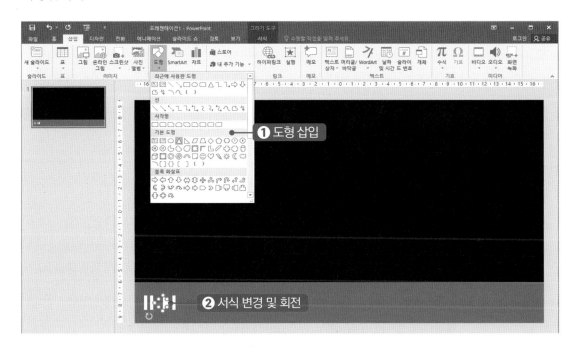

4 '직사각형', '이등변 삼각형', '원형' 도형을 삽입하고 회전 기능과 모양 조절점을 변경하여 아래 그림과 같이 모양을 변경한 후 [도형 채우기]를 '흰색, 배경1', [도형 윤곽선]을 '윤곽선 없음'으로 지정합니다.

02 도형 병합으로 새로운 모양 만들기

도형 병합의 병합과 빼기 기능을 이용하여 새로운 도형을 만듭니다.

1 '도넛', '모서리가 둥근 직사각형' 도형을 삽입하여 아래 도형과 같이 배치하고 모두 선택한 후 [그리기 도구] - [서식] 탭을 클릭하고 [도형 병합]의 [병합]를 클릭하여 새로운 모양을 만들고 [도형 채우기]를 '흰색, 배경1', [도형 윤곽선]을 '윤곽선 없음'으로 지정합니다.

2 '액자' 도형과 '십자형' 도형을 삽입하여 아래 도형과 같이 배치하고 모두 선택한 후 [도형 병합]의 [빼기]를 클릭하여 새로운 모양을 만듭니다. 그리고 '액자' 도형을 추가로 삽입한 후 각각 [도형 채우기]를 '흰색, 배경1', [도형 윤곽선]을 '윤곽선 없음'으로 지정합니다.

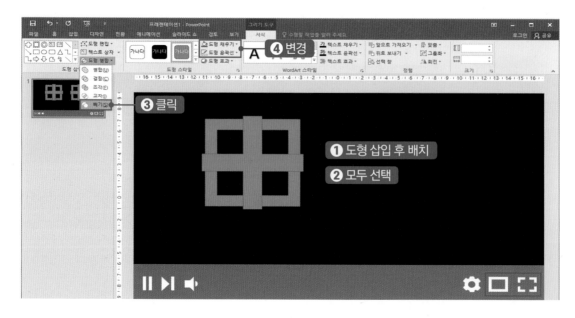

03 밝기 변화 애니메이션 설정하기

로딩중을 표시하기 위해 순서대로 밝기 변화 애니메이션을 설정합니다.

1 '타원' 도형을 삽입하고 [도형 채우기]를 '흰색, 배경 1, 5% 더 어둡게'로, [도형 윤곽선]을 '윤곽선 없음'으로 지정한 후 Ctrl 키를 누른 상태로 드래그하여 도형을 복사한 다음 각각의 도형의 [도형 채우기] 색을 다음과 같이 변경합니다.

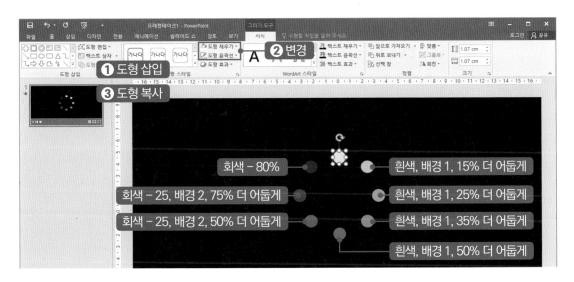

2 Shift 키를 누른 상태로 '타원' 도형을 순서대로 클릭하여 선택한 후 [애니메이션] 탭의 [애니메이션] 그룹에서 [밝기 변화]를 선택한 다음 [타이밍] 그룹에서 '시작'을 '이전 효과 다음에', '재생 시간'을 '1초'로 변경합니다.

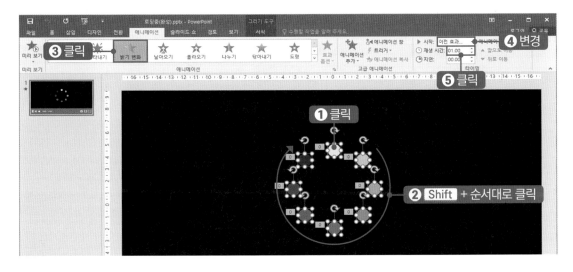

3 F5 키를 눌러 애니메이션을 확인합니다.

실력 쑥쑥! 창의력 쑥쑥!

1 '물방울'에 밝기 변화 애니메이션을 설정하여 다음과 같은 바다를 완성해 보세요.

예제파일 물방울.png, 바다.jpg **완성파일** 바다(완성).pptx

❶ 그림 '물방울', '바다' 추가
❷ 애니메이션 – 나타내기 : '밝기 변화',
'이전 효과 다음에', 재생 시간 : '1초'

2 '하트'에 애니메이션이 반복되는 한국 사랑 홍보물을 완성해 보세요.

예제파일 한국사랑1~3.jpg **완성파일** 한국사랑(완성).pptx

❶ 그림 '한국사랑1~3' 추가
❷ '텍스트 상자' 추가
텍스트 – 'HY헤드라인M', '54pt',
'검정, 텍스트 1', '빨강'
❸ 애니메이션 – 나타내기 : '밝기
변화', '이전 효과 다음에', 재생 시간
: '1.5초', 반복 : '슬라이드가 끝날
때까지'

TIP

반복 기능은
타이밍에서
설정할 수 있어요.

CHAPTER 19

상자 안에는 무엇이 있을까요?

오늘의 미션
- ✓ 텍스트 변환하기
- ✓ 애니메이션 타이밍 설정하기
- ✓ 트리거 적용하기

상자를 클릭하면 상자안의 선물이 나타나는 서프라이즈 이벤트를 하려고 합니다. 이번 시간에는 파워포인트 프로그램의 트리거 기능을 이용하여 상자를 클릭하면 상자안의 선물이 나타나도록 애니메이션을 만들어 봅시다.

작품 미리보기

예제파일 비밀상자.pptx, 동물.jpg, 발바닥.jpg **완성파일** 비밀상자(완성).pptx

상자 안에 무엇이 있을까요?

?

물음표를 클릭해 확인해 보세요

01 텍스트 변환하기

텍스트에 변환 효과를 적용합니다.

1 Microsoft Office PowerPoint 2016을 실행한 다음 '비밀상자.pptx' 파일을 불러옵니다. 그 다음 '텍스트 상자'를 삽입하여 '상자 안에 무엇이 있을까요?'를 입력하고 글꼴을 'HY견고딕', 글꼴 크기를 '40pt'으로 지정한 후 [그리기 도구] – [서식] 탭의 [WordArt 스타일] 그룹에서 [텍스트 효과]의 [변환]을 클릭하여 '위쪽 원호'를 클릭합니다.

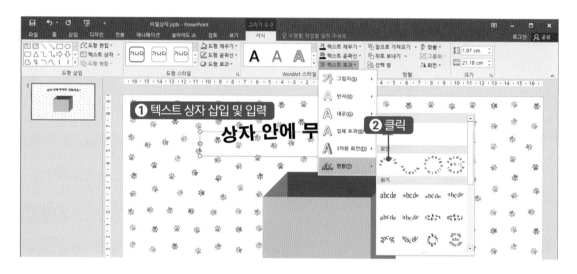

2 '텍스트 상자'를 삽입하여 '물음표를 클릭해 확인해 보세요'를 입력하고 글꼴을 'HY견고딕', 글꼴 크기를 '40pt'으로 지정한 후 [그리기 도구] – [서식] 탭의 [WordArt 스타일] 그룹에서 [텍스트 효과]의 [변환]을 클릭하여 '아래쪽 원호'를 클릭합니다.

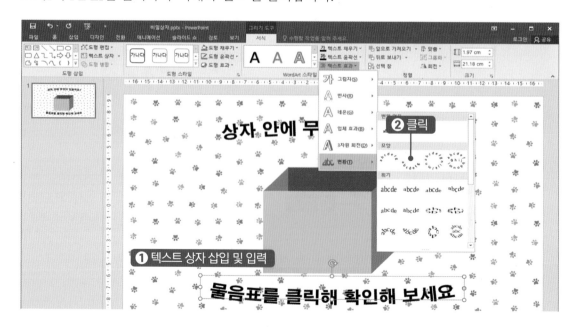

02 애니메이션 타이밍 설정하기

텍스트 상자에 추가 강조 효과를 적용하고 타이밍 옵션을 변경합니다.

① '텍스트 상자'를 삽입한 후 '?'를 입력한 다음 글꼴을 '휴먼둥근헤드라인', 글꼴 크기를 '72pt'로 지정하고 [애니메이션] 탭의 [애니메이션] 그룹에서 [추가 강조하기 효과]를 클릭한 후 '깜빡이기'를 선택합니다.

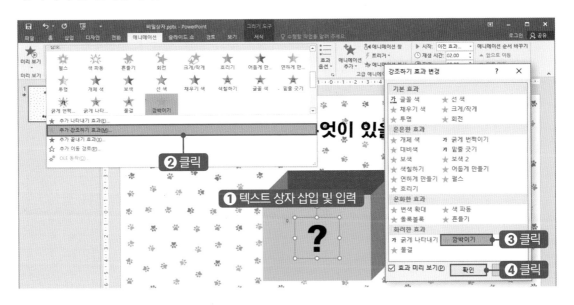

② [애니메이션] 탭의 [고급 애니메이션] 그룹에서 [애니메이션 창]을 클릭한 후 [애니메이션 창] 작업창에서 마우스 오른쪽 버튼을 클릭하여 [타이밍]을 클릭한 다음 시작은 '이전 효과 다음에', 재생 시간은 '2초(중간)', 반복은 '4'로 변경하고 [확인]을 클릭합니다.

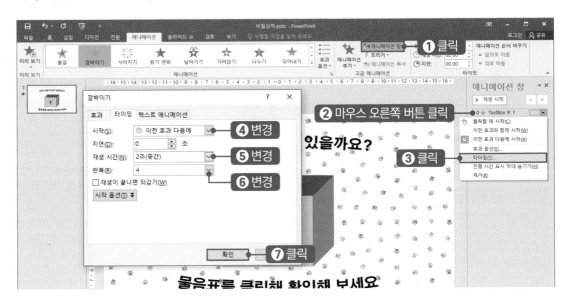

03 트리거 적용하기

물음표를 클릭하면 고양이가 나오도록 트리거를 적용합니다.

1 '동물.jpg' 그림을 삽입한 후 자르기 도구와 배경 제거를 이용하여 고양이 그림만 남긴 다음 위치 및 크기를 조절합니다.

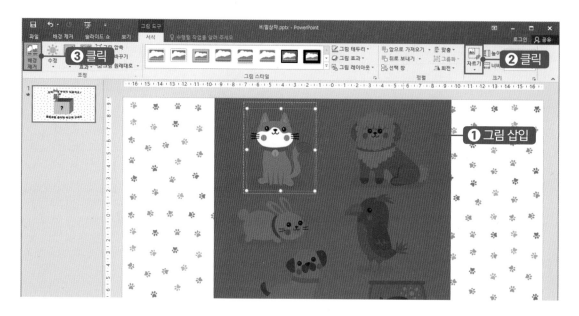

2 [그림 도구] – [서식] 탭의 [정렬] 그룹에서 [뒤로 보내기]를 여러 번 눌러 고양이 그림이 상자 안에 들어가도록 합니다.

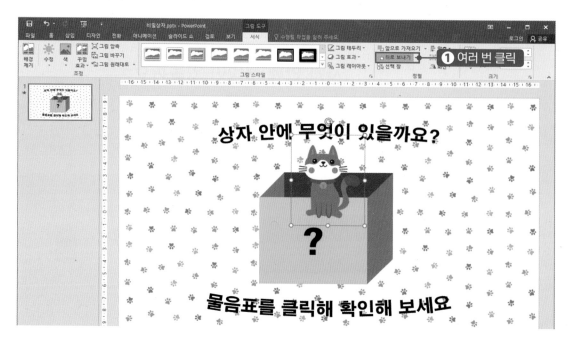

③ '고양이' 그림을 클릭하고 [애니메이션] 탭의 [애니메이션] 그룹에서 '올라오기'를 선택한 후 [고급 애니메이션] 그룹에서 [트리거]의 [클릭할 때]를 클릭하여 'TextBox 9('?'텍스트상자)'를 클릭합니다.

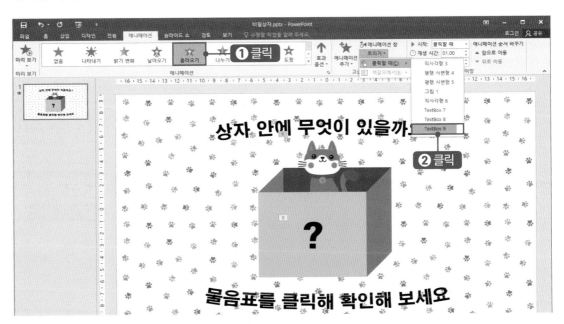

TIP Textbox의 번호는 개체를 추가한 순서대로 생성됩니다.

④ '발바닥.jpg' 그림을 삽입한 후 자르기와 배경을 투명하게 설정합니다.

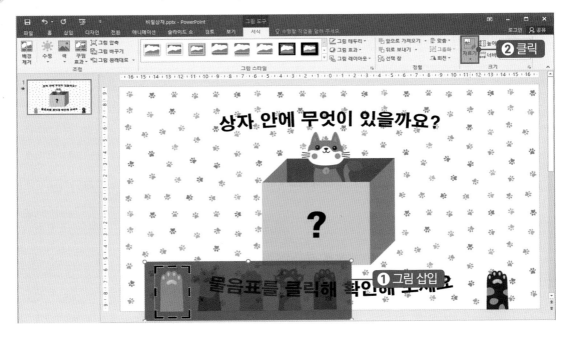

⑤ F5 키를 눌러 애니메이션을 확인합니다.

실력 쑥쑥! 창의력 쑥쑥!

1 애니메이션을 적용하여 날개가 회전하는 선풍기를 완성해 보세요.

예제파일 없음　　완성파일 선풍기(완성).pptx

① '타원', '평행 사변형', '눈물 방울' 도형 추가
도형 채우기 - '흰색, 배경 1, 5% 더 어둡게', '흰색, 배경 1, 15% 더 어둡게', '파랑, 강조 1, 40% 더 밝게'
도형 윤곽선 - '윤곽선 없음'

② **애니메이션** - 강조 : '회전', '이전 효과 다음에', '2초', '슬라이드가 끝날 때까지'

2 애니메이션을 적용하여 초침이 회전하는 초시계를 완성해 보세요.

예제파일 없음　　완성파일 초시계(완성).pptx

① '타원', '모서리가 둥근 직사각형', '이등변 삼각형' 도형 추가
도형 채우기 - 임의의 색
도형 윤곽선 - '윤곽선 없음'

② **애니메이션** - 강조 : '회전', '클릭할 때', '59초'

 Hint.

투명한 도형과
색이 있는 도형을 삽입하고
그룹화 한 후 도형에
애니메이션을 설정합니다.

카드 뉴스 만들기

CHAPTER 20

오늘의 미션
- ✓ 텍스트 그림자 설정하기
- ✓ 투명도 설정하기
- ✓ 도형 병합하기

NEWS 어린이에 대한 사랑과 보호의 정신을 높임으로써 옳고, 아름답고, 슬기로우며, 씩씩하게 자라나도록 하기 위해 매년 **5월 5일을 어린이날**로 하고 있습니다. 이번 시간에는 파워포인트 프로그램의 투명도 기능을 이용하여 어린이날에 대한 카드 뉴스를 만들어 봅시다.

🔍 작품 미리보기

예제파일 카드뉴스.pptx, 어린이1~6.jpg **완성파일** 카드뉴스(완성).pptx

1

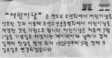

2

3

4

텍스트 그림자 설정하기

텍스트에 그림자를 설정합니다.

① Microsoft Office PowerPoint 2016을 실행한 다음 '카드뉴스.pptx' 파일을 불러온 후 '어린이날' 텍스트를 드래그하여 글꼴을 '휴먼엑스포', 글꼴 크기를 '88pt', '텍스트 그림자', 글꼴 색을 '파랑, 강조5, 25% 더 어둡게'로 지정합니다.

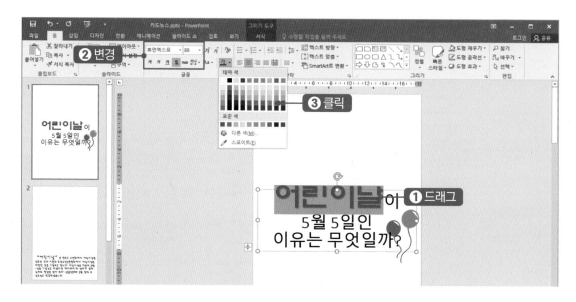

② 나머지 텍스트를 드래그한 후 글꼴을 '휴먼엑스포', 글꼴 크기를 '48pt', '텍스트 그림자', 글꼴 색을 '파랑, 강조1, 25% 더 어둡게'로 지정합니다.

02 투명도 설정하기

도형을 삽입하고 도형에 투명도를 설정합니다.

1 '타원' 도형을 삽입하고 마우스 오른쪽 버튼을 클릭하여 바로 가기 메뉴의 [도형 서식]을 클릭합니다. 그 다음 [도형 서식] 작업창에서 [단색 채우기]의 색을 '파랑, 강조 1, 80% 더 밝게', 투명도를 '35%', 선을 '선 없음'으로 지정합니다.

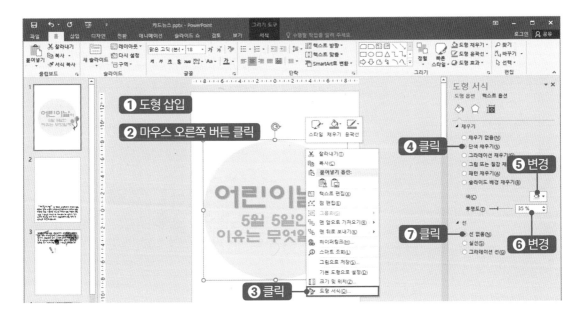

2 '타원' 도형을 선택한 후 마우스 오른쪽 버튼을 클릭하고 바로 가기 메뉴의 [맨 뒤로 보내기]의 [맨 뒤로 보내기]를 클릭합니다.

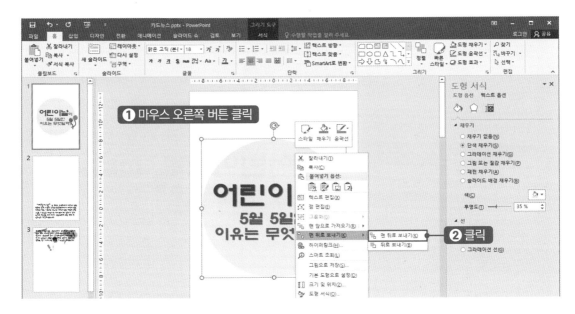

3 '어린이1.jpg' 그림을 삽입한 후 자르기 도구를 이용하여 그림을 잘라낸 다음 크기를 조절합니다. 그 다음 마우스 오른쪽 버튼을 클릭하여 바로 가기 메뉴의 [맨 뒤로 보내기]를 클릭합니다.

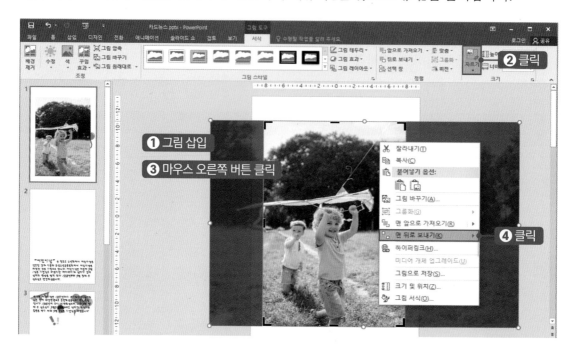

4 **3** 과 같은 방법으로 2번 슬라이드에 '어린이5.jpg' 그림을 삽입합니다.

5 **1** 과 같은 방법으로 '직각 삼각형'과 '순서도: 수동 입력' 도형을 삽입하고 [단색 채우기]의 색을 '파랑, 강조 1, 80% 더 밝게', 투명도를 '15%', '선 없음'을 지정하고 맨 뒤로 보내기를 합니다.

03 도형 병합하기

도형을 삽입한 후 여러 개의 도형을 하나의 도형으로 병합합니다.

1 3번 슬라이드를 클릭하고 '직사각형' 도형과 '타원' 도형을 삽입한 후 [그리기 도구] - [서식] 탭의 [도형 삽입] 그룹에서 [도형 병합]의 [병합]을 클릭합니다.

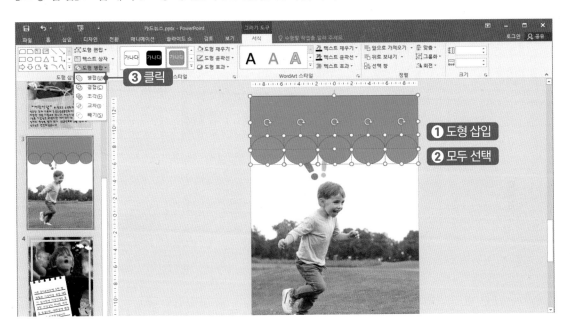

2 병합한 도형을 클릭하고 [단색 채우기]의 색을 '파랑, 강조 1, 80% 더 밝게', 투명도를 '40%', 선을 '선 없음'으로 변경한 후 맨 뒤로 보내기를 합니다.

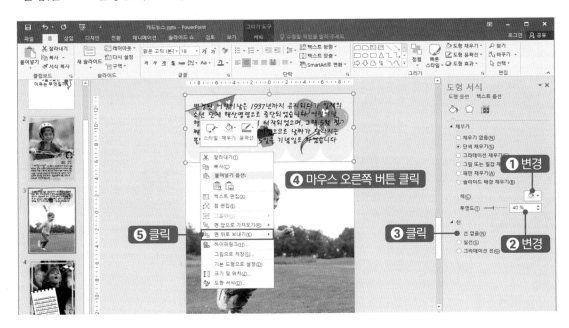

실력 쑥쑥! 창의력 쑥쑥!

1 도형에 투명도를 적용하여 다음과 같은 동시를 완성해 보세요.

예제파일 나비.jpg 완성파일 나비(완성).pptx

① **배경 서식**
그림 채우기 – '나비.jpg'

② **'모서리가 둥근 직사각형' 도형 추가**
도형 채우기 – '흰색, 배경 1', 투명도 :
56%
도형 윤곽선 – '윤곽선 없음'

③ **'WordArt' 추가**
'그라데이션 채우기 – 황금색, 강조 4,
윤곽선 – 강조 4', '문체부 훈민정음체'

④ **'텍스트 상자' 추가**
텍스트 – '휴먼편지체', '24pt'

2 도형에 투명도를 적용하여 다음과 같은 영화관 에티켓을 완성해 보세요.

예제파일 영화관에티켓1~6.jpg 완성파일 영화관에티켓(완성).pptx

① **배경 서식**
그림 채우기 – '영화관 에티켓1.jpg'
그라데이션 채우기 – '주황', '황금색,
강조 4, 80% 더 밝게'

② **'타원' 도형 추가**
도형 채우기 – '흰색, 배경 1,
50% 더 어둡게', 투명도 : 46%
도형 윤곽선 – '윤곽선 없음'

③ **'텍스트 상자' 추가**
텍스트 – '휴먼편지체', '휴먼매직체',
'HY엽서M', '24pt'. '20pt', '28pt',
'검정, 텍스트 1', '빨강', '텍스트
그림자'

④ 그림 '영화관에티켓2~6' 추가

나는 누구일까요?

오늘의 미션
- ✓ 맞춤 기능으로 정렬하기
- ✓ 애니메이션 추가하기
- ✓ 지연 시간 설정하기

 도형에 가려진 그림이 무엇인지 맞추는 퀴즈를 만들어 보려고 합니다. 이번 시간에는 파워포인트 프로그램으로 애니메이션 기능을 이용하여 가려진 그림을 확인하여 퀴즈를 푸는 문제를 만들어 봅시다.

 **작품 미리보기**

예제파일 사자.png   **완성파일** 나는누구일까요(완성).pptx

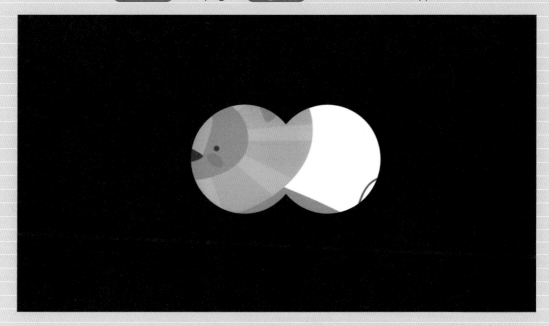

맞춤 기능으로 정렬하기

그림을 슬라이드 중앙에 위치하도록 맞춤 기능을 이용합니다.

1 Microsoft Office PowerPoint 2016을 실행한 다음 [홈] 탭의 [슬라이드] 그룹에서 [레이아웃]을 클릭하여 [빈 화면]으로 변경한 후 '사자.png' 그림을 삽입한 다음 [그림 도구] – [서식] 탭의 [정렬] 그룹에서 [맞춤]의 [가운데 맞춤], [중간 맞춤]을 차례로 클릭합니다.

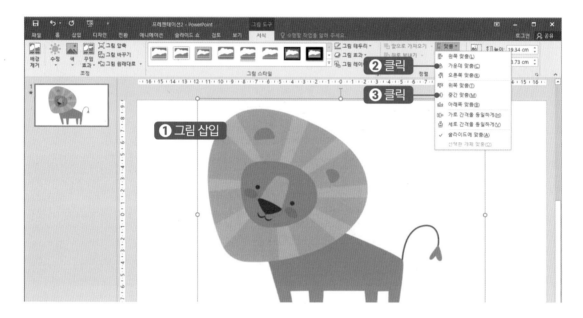

2 '직사각형' 도형을 삽입한 후 [도형 채우기]를 '검정, 텍스트 1', [도형 윤곽선]을 '윤곽선 없음'으로 지정한 다음 '타원' 도형 2개를 삽입합니다.

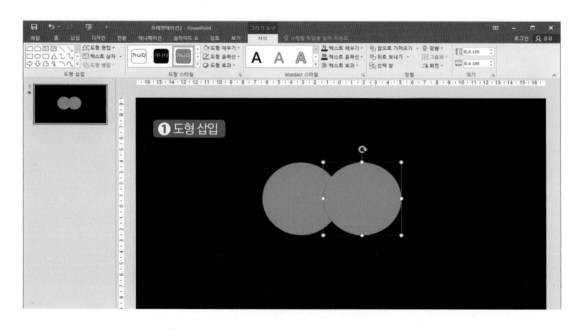

02 애니메이션 추가하기

애니메이션이 지정된 개체에 애니메이션을 추가합니다.

① '직사각형' 도형과 '타원' 도형을 차례로 선택한 후 [그리기 도구] – [서식] 탭의 [도형 삽입] 그룹에서 [도형 병합]의 [빼기]를 클릭합니다.

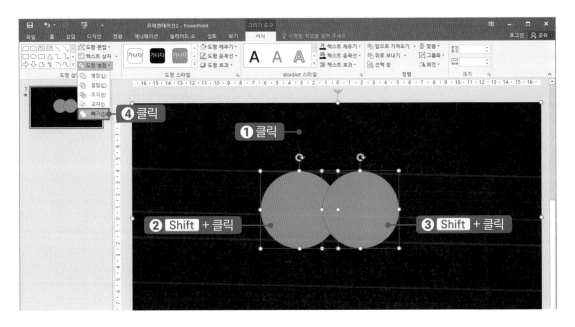

② '사자' 그림을 클릭한 후 [애니메이션] 탭의 [애니메이션] 그룹에서 '이동 경로'의 '선'을 클릭합니다.

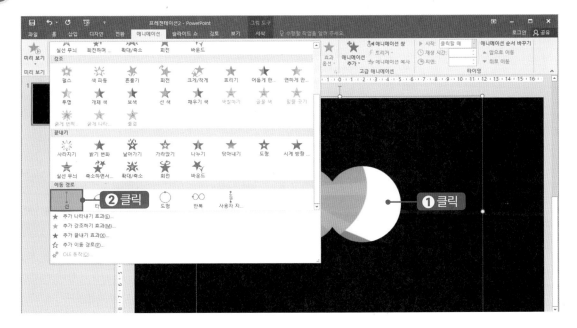

③ 이동 경로 애니메이션이 설정된 '사자' 그림에 애니메이션을 추가하기 위해 [애니메이션] 탭의 [고급 애니메이션] 그룹에서 [애니메이션 추가]를 클릭하여 '이동경로'의 '선'을 클릭합니다.

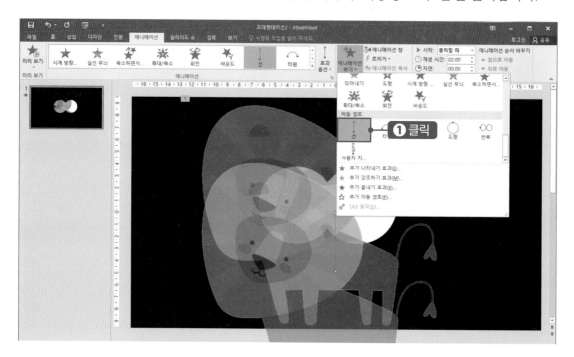

④ 추가된 '선' 이동 경로의 초록점과 빨간점을 마우스로 드래그하여 이동 경로를 변경합니다.

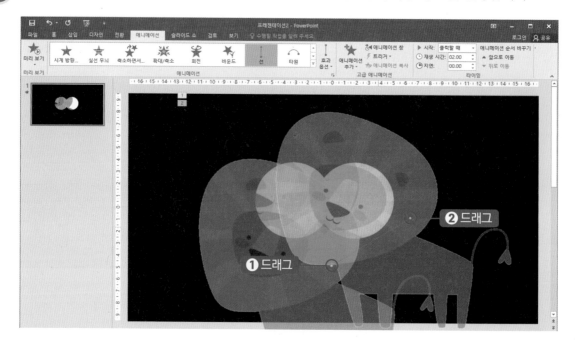

03 지연 시간 설정하기

애니메이션을 지정하고 지연 시간을 설정합니다.

① '직사각형' 도형을 클릭한 후 [애니메이션] 탭의 [애니메이션] 그룹에서 '끝내기'의 '밝기 변화'를 클릭합니다.

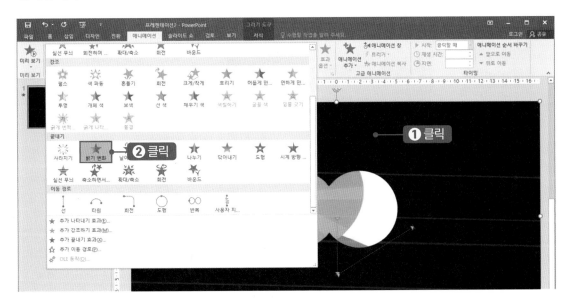

② [애니메이션] 탭의 [타이밍] 그룹에서 시작을 '이전 효과 다음에', 재생 시간을 '2초', 지연을 '1초'로 변경합니다.

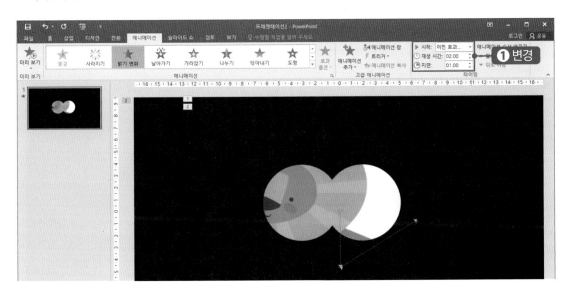

③ F5 키를 눌러 애니메이션을 확인합니다.

실력 쑥쑥! 창의력 쑥쑥!

1 이동 경로 애니메이션을 이용하여 햄버거가 만들어지는 과정을 완성해 보세요.

예제파일 햄버거1~6.png　　**완성파일** 햄버거(완성).pptx

① 배경 서식
단색 채우기 – '파랑, 강조 1, 80% 더 밝게'

② 그림 '햄버거1~6' 추가

③ 애니메이션 – 이동 경로 : '선', '이전 효과 다음에', 재생 시간 : '2초'

2 이동 경로 애니메이션을 이용하여 스노우볼의 눈이 내리는 모습을 완성해 보세요.

예제파일 겨울.jpg, 눈꽃1~3.png, 눈사람.jpg　　**완성파일** 스노우볼(완성).pptx

① '타원' 도형 추가
도형 채우기 – '파랑, 강조 1, 80% 더 밝게'
도형 윤곽선 – '윤곽선 없음'
도형 효과 – '입체 효과 : 둥글게'

② '평행 사변형' 도형 추가
도형 채우기 – '흰색, 배경 1, 15% 더 밝게'
도형 윤곽선 – '윤곽선 없음'

③ 그림 '겨울, 눈꽃1~3, 눈사람' 추가

④ 애니메이션 – 이동 경로 : '선', '이전 효과 다음에', '이전 효과와 함께', 재생 시간 : 임의의 시간, '반복 : 슬라이드가 끝날 때까지'

알쏭달쏭 재미있는 넌센스 퀴즈

CHAPTER 22

오늘의 미션
- ✓ 애니메이션 설정하기
- ✓ 시작옵션 변경하기 ①
- ✓ 시작옵션 변경하기 ②
- ✓ 하이퍼링크 설정하기

논리적으로 맞지 않지만 웃음짓게 만드는 퀴즈를 넌센스 퀴즈라고 합니다. 이번 시간에는 파워포인트 프로그램에서 애니메이션의 시작 옵션을 변경하여 넌센스 퀴즈를 만들고, 만든 퀴즈를 풀어 봅시다.

🔍 작품 미리보기

예제파일 넌센스퀴즈.pptx **완성파일** 넌센스퀴즈(완성).pptx

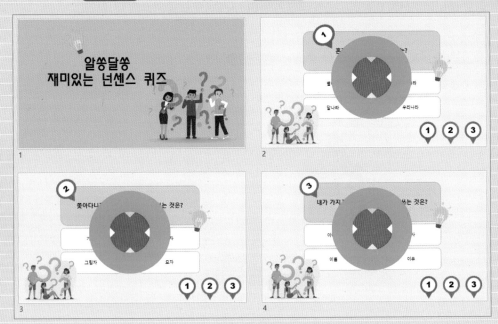

01 애니메이션 설정하기

도형을 삽입하고 애니메이션을 설정합니다.

1 Microsoft Office PowerPoint 2016을 실행한 다음 '넌센스퀴즈.pptx' 파일을 불러온 후 2번 슬라이드를 클릭합니다. 그 다음 '곱셈 기호' 도형을 삽입한 후 노란 조절점을 드래그하여 도형 모양을 변경하고 [도형 채우기]를 '빨강', [도형 윤곽선]을 '윤곽선 없음'으로 지정합니다.

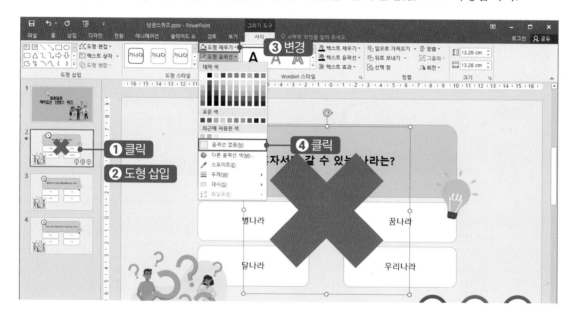

2 '곱셈 기호' 도형을 클릭하고 [애니메이션] 탭의 [애니메이션] 그룹에서 '나타내기'를 클릭합니다. 그 다음 [고급 애니메이션] 그룹에서 [애니메이션 추가]를 클릭하여 '끝내기'의 '사라지기'를 클릭하고 [타이밍] 그룹에서 시작을 '이전 효과 다음에'를 선택합니다.

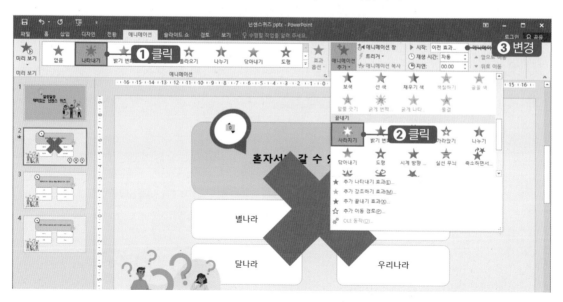

02 시작 옵션 변경하기 ①

오답을 클릭하면 '곱셈 기호' 도형이 나타났다가 사라지도록 시작 옵션을 변경합니다.

1 [고급 애니메이션] 그룹에서 [애니메이션 창]을 클릭합니다. [애니메이션 창]에서 애니메이션을 모두 선택한 다음 마우스 오른쪽 버튼을 클릭하여 바로가기 메뉴의 [타이밍]을 클릭합니다.

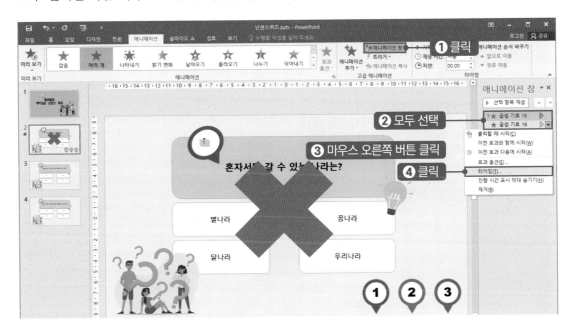

2 [효과 옵션] 대화 상자가 실행되면 [타이밍] 탭의 [시작 옵션]을 클릭하고 '다음을 클릭하면 효과 시작'을 클릭한 후 '모서리가 둥근 직사각형 11 : 별나라'를 선택합니다.

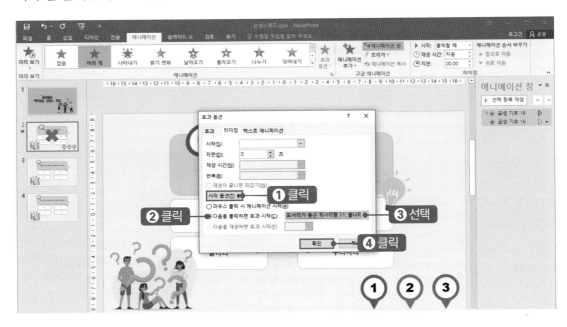

③ '곱셈 기호' 도형을 클릭하고 [애니메이션] 탭의 [고급 애니메이션] 그룹에서 [애니메이션 추가]를 클릭하여 '나타내기'의 '나타내기', '끝내기'의 '사라지기' 애니메이션을 차례로 추가합니다. 그 다음 '사라지기' 애니메이션을 클릭하고 시작의 '이전 효과와 함께', 지연의 '2초'를 클릭하여 지정합니다.

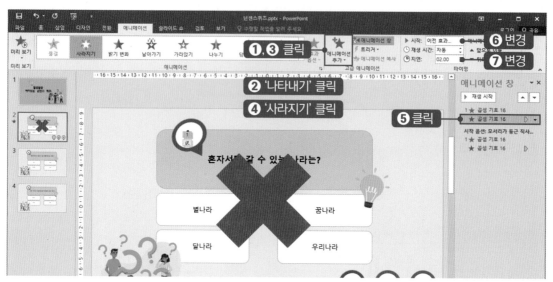

 TIP [애니메이션] 탭의 [애니메이션] 그룹에서 애니메이션 지정시 기존의 애니메이션이 사라져요.

④ [애니메이션 창]에서 2개의 애니메이션을 선택한 다음 마우스 오른쪽 버튼을 클릭하여 바로가기 메뉴의 [타이밍]을 클릭하고, [효과 옵션] 대화 상자가 실행되면 [타이밍] 탭의 [시작 옵션]을 클릭하고 '다음을 클릭하면 효과 시작'을 클릭한 후 '모서리가 둥근 직사각형 12 : 달나라'를 선택합니다.

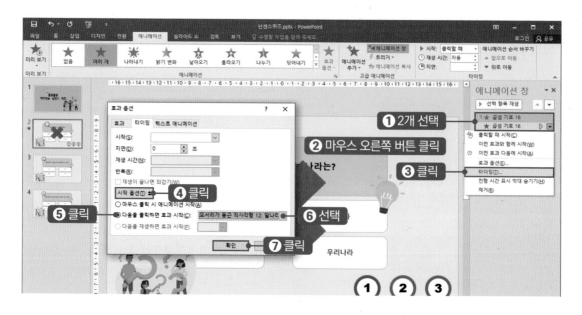

5 '곱셈 기호' 도형을 클릭하고 [애니메이션] 탭의 [고급 애니메이션] 그룹에서 [애니메이션 추가]를 클릭하여 '나타내기'의 '나타내기', '끝내기'의 '사라지기' 애니메이션을 차례로 추가합니다. 그 다음 '사라지기' 애니메이션을 클릭하고 시작의 '이전 효과와 함께', 지연의 '2초'를 지정합니다.

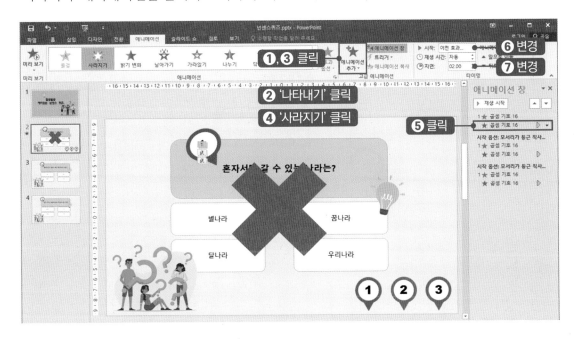

6 [애니메이션 창]에서 2개의 애니메이션을 선택한 다음 마우스 오른쪽 버튼을 클릭하여 바로가기 메뉴의 [타이밍]을 클릭하고, [효과 옵션] 대화 상자가 실행되면 [타이밍] 탭의 [시작 옵션]을 클릭하고 '다음을 클릭하면 효과 시작'을 클릭한 후 '모서리가 둥근 직사각형 14 : 우리나라'를 선택합니다.

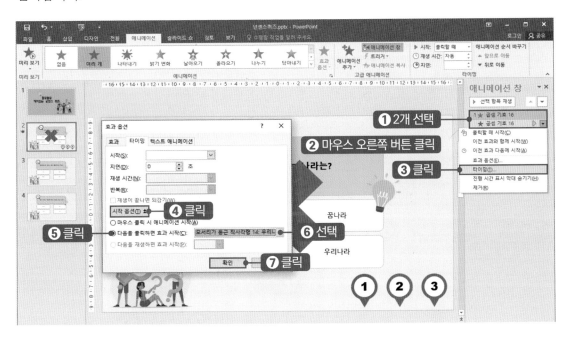

03 시작 옵션 변경하기 ②

정답을 클릭하면 '도넛' 도형이 나타났다가 사라지도록 시작 옵션을 변경합니다.

1 '도넛' 도형을 삽입한 후 노란 조절점을 드래그하여 도형 모양을 변경하고 [도형 채우기]를 '연한 파랑', [도형 윤곽선]을 '윤곽선 없음'으로 지정한 다음 [애니메이션 추가]를 클릭하여 '나타내기'의 '나타내기', '끝내기'의 '사라지기' 애니메이션을 추가합니다. 그 다음 '사라지기' 애니메이션을 클릭하고 시작의 '이전 효과와 함께', 지연의 '2초'를 지정합니다.

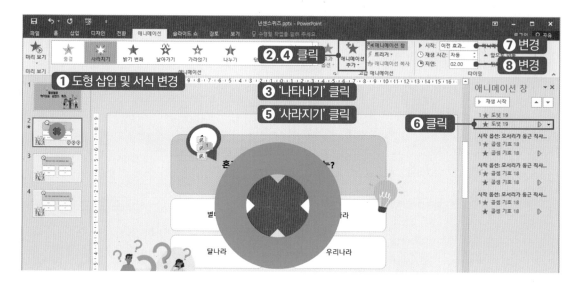

2 앞에서와 같은 방법으로 [효과 옵션] 대화 상자를 실행하여 [시작 옵션]을 클릭하고 '다음을 클릭하면 효과 시작'을 클릭한 후 '모서리가 둥근 직사각형 13 : 꿈나라'를 선택합니다.

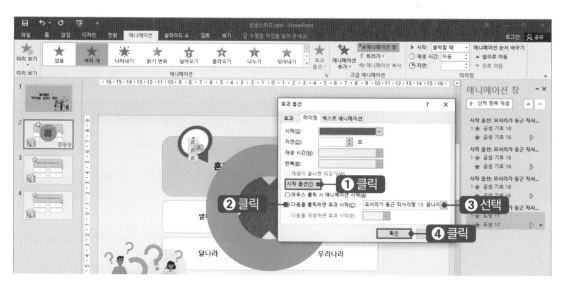

3 3번, 4번 슬라이드도 같은 방법으로 완성합니다.

04 하이퍼링크 설정하기

문제 번호를 클릭하면 해당 번호 문제 슬라이드로 연결되도록 하이퍼링크를 설정합니다.

1 '문제번호 1' 그림을 클릭한 후 [삽입] 탭의 [링크] 그룹에서 [하이퍼링크]를 클릭한 다음 [하이퍼링크 편집] 대화상자가 실행되면 연결 대상의 [현재 문서]를 클릭하고, '슬라이드 2'를 클릭한 후 [확인]을 클릭합니다.

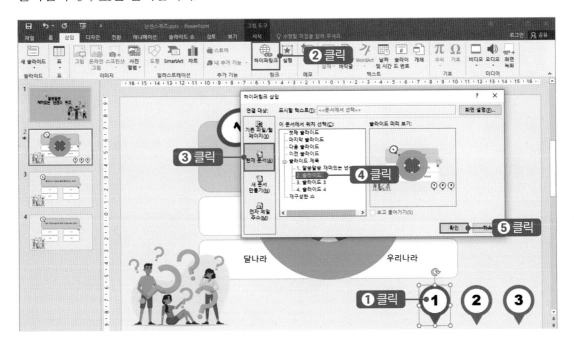

2 **①** 과 같은 방법으로 '문제번호 2, 3' 그림도 각각 3, 4번 슬라이드로 하이퍼링크를 연결합니다.

3 하이퍼링크 설정한 그림을 모두 선택한 후 복사한 후 3번 슬라이드, 4번 슬라이드에 붙여넣기 합니다.

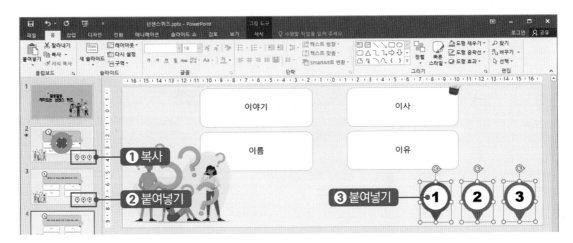

실력 쑥쑥! 창의력 쑥쑥!

1 애니메이션의 시작 옵션을 변경하여 다음과 같은 역사 퀴즈를 완성해 보세요.

예제파일 역사퀴즈.pptx　　완성파일 역사퀴즈(완성).pptx

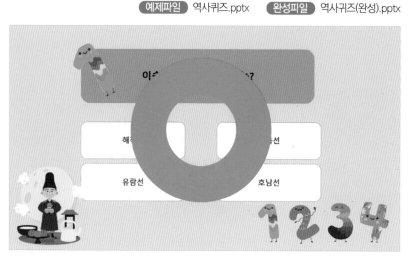

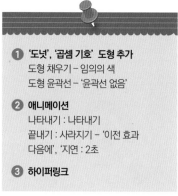

① '도넛', '곱셈 기호' 도형 추가
　도형 채우기 – 임의의 색
　도형 윤곽선 – '윤곽선 없음'

② 애니메이션
　나타내기 : 나타내기
　끝내기 : 사라지기 – '이전 효과
　다음에', '지연 : 2초

③ 하이퍼링크

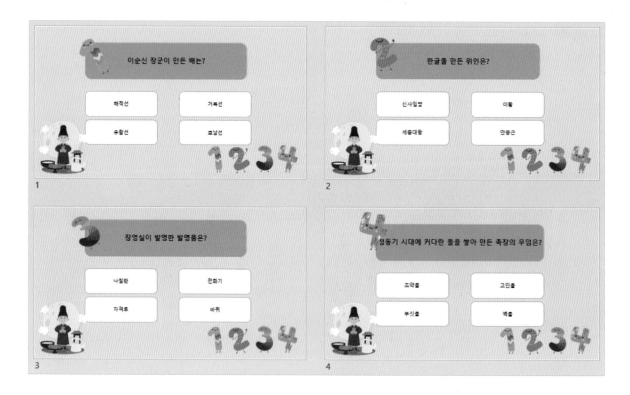

CHAPTER 23

숨은 그림 찾기

오늘의 미션
- ✓ Ctrl + D 키를 이용하여 복사하기
- ✓ 트리거 적용하기
- ✓ 애니메이션 효과 옵션 설정하기

 숨은 그림 찾기는 관찰력과 집중력을 키워줍니다. 이번 시간에는 파워포인트 프로그램에서 트리거와 애니메이션 효과를 설정하여 숨은 그림 찾기를 만들어 봅시다.

 작품 미리보기

예제파일 숨은그림찾기.pptx **완성파일** 숨은그림찾기(완성).pptx

01 [Ctrl] + [D] 키를 이용하여 복사하기

그림을 Ctrl + D 키를 이용하여 복사합니다.

1 Microsoft Office PowerPoint 2016을 실행한 다음 '숨은그림찾기.pptx' 파일을 불러온 후 '공룡' 그림을 클릭하고 Ctrl + D 키를 눌러 그림을 복사한 다음 숨길 곳으로 이동하고 크기를 조절합니다.

2 **1** 과 같은 방법으로 '농구공', '망원경', '로켓', '오리', '토성'을 복사하여 곳곳에 숨깁니다.

 TIP [그림 도구] - [서식] 탭의 [색]에서 색을 변경하여 자연스럽게 숨길 수 있어요.

숨긴 그림을 클릭하면 '타원' 도형이 표시되도록 트리거를 적용합니다.

① '타원' 도형을 삽입한 후 마우스 오른쪽 버튼을 클릭하여 [도형 서식]을 클릭한 다음 [도형 서식] 작업창에서 '채우기 없음', '실선', 색을 '빨강', 너비를 '4.5pt'로 변경합니다.

② 삽입한 '타원' 도형을 숨긴 '공룡' 그림 위로 복사합니다. 그 다음 두 개의 '타원' 도형을 모두 선택하고 [애니메이션] 탭의 [애니메이션] 그룹에서 '밝기 변화'를 클릭합니다.

3 그 다음 [고급 애니메이션] 그룹에서 [트리거]를 클릭하여 [클릭할 때]의 '그림15(숨긴 공룡 그림)'를 클릭합니다.

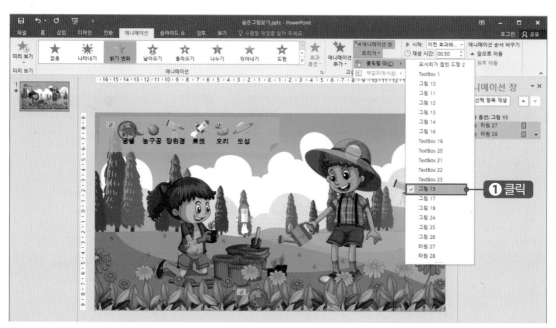

 TIP 그림 및 도형 삽입 순서에 따라 그림 및 도형의 번호가 달라져요.

4 **①** ~ **③** 와 같은 방법으로 도형을 삽입하고 복사한 후 '밝기 변화' 애니메이션 및 트리거를 적용합니다.

03 애니메이션 효과 옵션 설정하기

숨은 그림이 아닌 부분을 클릭하면 곱셈 기호가 나타나도록 효과 옵션을 설정합니다.

1 '직사각형' 도형을 삽입한 후 마우스 오른쪽 버튼을 클릭하여 [도형 서식]을 클릭하여 [도형 서식] 작업창을 실행합니다.

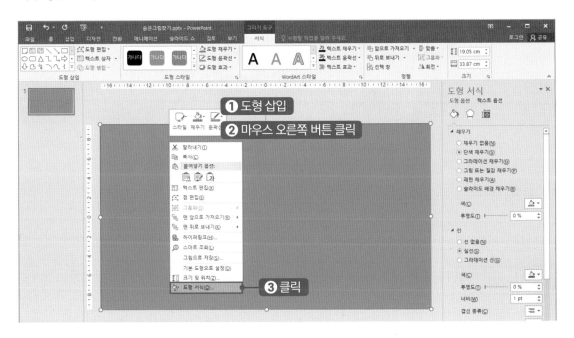

2 [도형 서식] 작업창에서 [채우기]의 '투명도'를 '100%', [선]을 '선 없음'으로 변경합니다.

③ 투명한 '직사각형' 도형을 클릭하여 선택하고 [그림 도구] – [서식] 탭의 [정렬] 그룹에서 [뒤로 보내기]의 [맨 뒤로 보내기]를 클릭합니다.

④ '곱셈 기호' 도형을 삽입한 후 노란 조절점을 드래그하여 도형 모양을 변경하고 [도형 채우기]를 '빨강', [도형 윤곽선]을 '윤곽선 없음'으로 지정합니다.

⑤ 삽입한 '곱셈 기호' 도형을 클릭하고 [애니메이션] 탭의 [애니메이션] 그룹에서 '밝기 변화'를 클릭한 후 [고급 애니메이션] 그룹에서 [애니메이션 창]을 클릭하고 곱셈 기호 애니메이션에서 마우스 오른쪽 버튼을 클릭하여 [효과 옵션]을 클릭합니다.

⑥ [효과] 탭에서 '애니메이션 후'를 '애니메이션 후 숨기기'로 변경합니다. 그 다음 [타이밍] 탭의 [시작 옵션]을 클릭하고 '다음을 클릭하면 효과 시작'을 클릭한 후 '직사각형 3(투명한 직사각형 도형)'을 선택하고 확인을 클릭합니다.

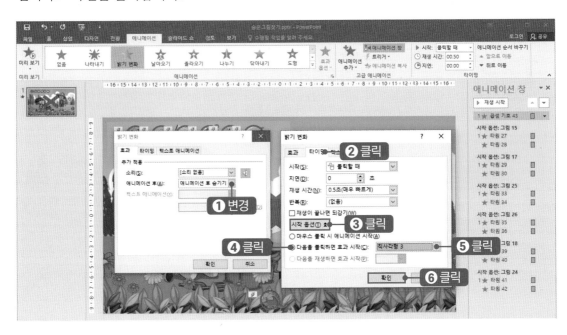

실력 쑥쑥! 창의력 쑥쑥!

1 트리거와 애니메이션 효과 옵션을 설정하여 다음과 같은 틀린그림찾기를 완성해 보세요.

예제파일 틀린그림찾기.pptx   **완성파일** 틀린그림찾기(완성).pptx

틀린 부분을 찾아 클릭해보세요.

Hint.

애니메이션 설정 도형 번호

1 직사각형5	**2** 직사각형11	**3** 직사각형19
4 직사각형9	**5** 직사각형10	**6** 직사각형15
7 직사각형14	**8** 직사각형18	**9** 직사각형16
10 직사각형17	**X** 직사각형41	

① '타원' 도형 추가
도형 채우기 – 채우기 없음, 도형 윤곽선 – 빨강, 4.5pt

② '곱셈 기호' 도형 추가
도형 채우기 – '빨강', 도형 윤곽선 – '윤곽선 없음'

③ 애니메이션
나타내기 : 밝기 변화, 트리거 : 클릭할 때
나타내기 : 밝기 변화, 시작 옵션 :다음을 클릭하면 효과 시작

내가 만드는 그림 퍼즐

오늘의 미션
- ✓ 배경 서식 지정하기
- ✓ 도형 병합하기
- ✓ 그림으로 저장하기 및 도형 빼기

퍼즐 조각을 연결하여 그림 퍼즐을 즐기려고 합니다. 이번 시간에는 파워포인트 프로그램의 도형 병합과 그림으로 저장 기능을 이용하여 **나만의 그림 퍼즐**을 만들어 봅시다.

 작품 미리보기

예제파일 퍼즐배경.jpg **완성파일** 퍼즐1~12.png, 퍼즐(완성).pptx

배경 서식 지정하기

그림 퍼즐을 만들기 위해 도형을 슬라이드 배경으로 채웁니다.

① Microsoft Office PowerPoint 2016을 실행한 다음 슬라이드 레이아웃을 [빈 화면]으로 변경하고 마우스 오른쪽 버튼을 클릭하여 바로 가기 메뉴를 실행하여 [배경 서식]의 [그림 또는 질감 채우기]를 클릭하고 [파일]을 클릭하여 '퍼즐 배경.jpg' 그림을 삽입합니다.

② '직사각형' 도형을 삽입한 후 [그리기 도구] – [서식] 탭의 [크기] 그룹에서 '높이'를 '6.35cm', '너비'를 '8.4cm'로 변경합니다.

③ 삽입한 '직사각형' 도형을 클릭한 후 마우스 오른쪽 버튼을 눌러 바로 가기 메뉴를 실행하여 [도형 서식]을 클릭하고 [도형 서식] 작업창이 실행되면 [채우기]에서 '슬라이드 배경 채우기', [선]에서 '실선', '흰색, 배경 1', '3pt'로 서식을 변경합니다.

④ '직사각형' 도형을 Ctrl + Shift 키를 누른 채로 드래그하여 12개의 직사각형 도형을 복사합니다.

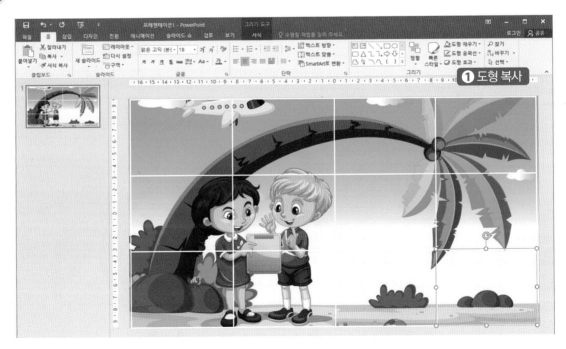

1 '타원' 도형을 삽입한 후 '슬라이드 배경 채우기'를 클릭한 다음 선을 '실선', '흰색, 배경 1', '3pt'로 서식을 변경하고 Ctrl + Shift 키를 이용하여 도형을 복사합니다.

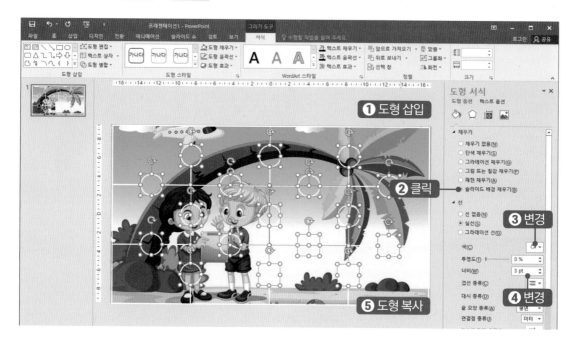

2 병합할 '직사각형' 도형과 '타원' 도형을 선택한 후 [그리기 도구] – [서식] 탭의 [도형 삽입] 그룹에서 [도형 병합]의 [병합]을 클릭합니다.

③ 병합한 도형을 클릭한 후 마우스 오른쪽 버튼을 눌러 바로 가기 메뉴를 실행하여 [그림으로 저장] 메뉴를 클릭하고 그림 퍼즐을 저장합니다.

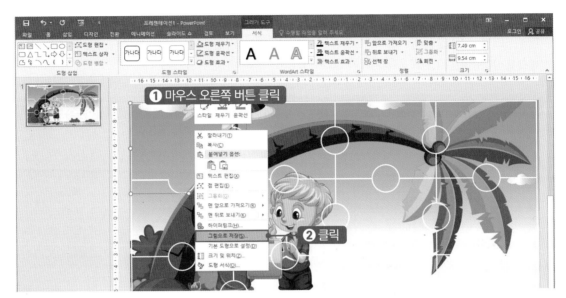

 TIP 그림 퍼즐의 모양이 직사각형으로 보인다면 **[맨 앞으로 가져오기]**를 클릭합니다.

④ 병합할 '직사각형' 도형과 '타원' 도형을 선택한 후 [그리기 도구] - [서식] 탭의 [도형 삽입] 그룹에서 [도형 병합]의 [빼기]를 클릭한 후 그림으로 저장합니다.

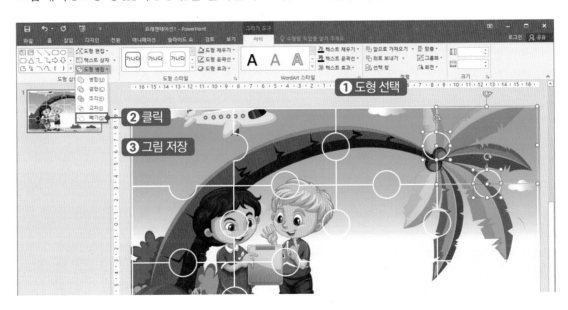

④ **②** ~ **④** 와 같은 방법으로 나머지 도형을 병합하여 그림퍼즐로 저장합니다.

03 그림 퍼즐 완성하기

그림으로 저장한 그림 퍼즐 조각으로 퍼즐을 완성합니다.

1 삽입하여 병합한 도형을 모두 삭제한 후 [배경 서식] 작업창의 [채우기]에서 투명도를 '85%'로 변경합니다.

2 [삽입] 탭의 [이미지] 그룹에서 [그림]을 클릭한 다음 그림으로 저장한 그림 퍼즐 그림을 삽입하여 그림 퍼즐을 완성합니다.

실력 쑥쑥! 창의력 쑥쑥!

1 도형 병합 및 그림으로 저장하기 기능을 이용하여 다음과 같은 퍼즐을 완성해 보세요.

예제파일 버섯집배경.jpg **완성파일** 버섯집퍼즐1~12.png, 버섯집퍼즐(완성).pptx

① 배경 서식
그림 또는 질감 채우기 –
'버섯집배경.jpg'

② '직사각형', '타원' 도형 추가
도형 채우기 – '슬라이드 배경 채우기'
도형 윤곽선 – 임의의 색

③ 도형 병합

④ 그림으로 저장하기

2 도형 병합 및 그림으로 저장하기 기능을 이용하여 다음과 같은 퍼즐을 완성해 보세요.

예제파일 야자수.png **완성파일** 야자수1~12.png, 야자수(완성).pptx

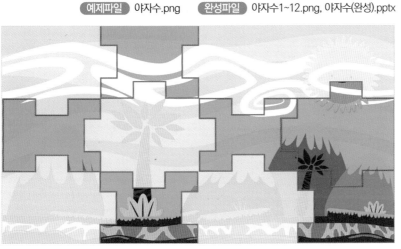

① 배경 서식
그림 또는 질감 채우기 –
'야자수.png'

② '직사각형' 도형 추가
도형 채우기 – '슬라이드 배경 채우기'
도형 윤곽선 – 임의의 색

③ 도형 병합

④ 그림으로 저장하기

교과서 발행부수 1위 기업 '미래엔' Mirae N

우리 아이 속도로 가는
상위권 도달 솔루션

초등이면 초코하는거야~
**초등학습,
진실의 앱으로**

뭐해~ 얼른 엄마한테
얘기하고 초코해~

오늘 학습, 놓친 학습으로
전 과목 핵심 학습

+

영역별/수준별
과목 전문 학습

㈜미래엔이 만든 초등 전과목 온라인 학습 플랫폼 〈초코〉

무약정
기간 약정, 기기 약정 없이
학습 기간을 내 마음대로

모든 기기 학습 가능
내가 가지고 있는
스마트 기기로 언제 어디서나

부담 없는 교육비
교육비 부담 줄이고
초등 전 과목 학습 가능

2311S3hnF
미래엔 에듀파트너 고객 대상 특별 혜택
회원 가입 시 코드를 입력하시면 **1,000포인트**를 드립니다.

교과서 발행부수 1위 기업 '미래엔' Mirae N

우리 아이 속도로 가는
상위권 도달 솔루션

초등이면 초코하는거야~
초등학습,
진실의 앱으로

뭐해~ 얼른 엄마한테
얘기하고 초코해~

| 오늘 학습, 놓친 학습으로
전 과목 핵심 학습 | + | 영역별/수준별
과목 전문 학습 |

㈜미래엔이 만든 초등 전과목 온라인 학습 플랫폼 <초코>

무약정
기간 약정, 기기 약정 없이
학습 기간을 내 마음대로

모든 기기 학습 가능
내가 가지고 있는
스마트 기기로 언제 어디서나

부담 없는 교육비
교육비 부담 줄이고
초등 전 과목 학습 가능

2311S3hnF

미래엔 에듀파트너 고객 대상 특별 혜택
회원 가입 시 코드를 입력하시면 **1,000포인트**를 드립니다.